Roman Poems

This special edition—published on the 30th anniversary of Pier Paolo Pasolini's death—was made possible by Maurizio Scaparro and his Compagnia Italiana, Rome; Ente Teatrale Italiano, Rome; Regione Toscana, Assessorato alla Cultura, Florence; Gabinetto Viesseux, Florence; and the Istituto Italiano di Cultura, Los Angeles.

ROMAN POEMS

Pier Paolo Pasolini

Translated by
Lawrence Ferlinghetti
& Francesca Valente

Preface by Alberto Moravia

Pocket Poets Series No. 41

City Lights Books
San Francisco

Typography: Harvest Graphics
Photographs: Foto Cortesia, Cervignano
Drawings: Pier Paolo Pasolini

Library of Congress Cataloging-in-Publication Data

Pasolini, Pier Paolo, 1922–1975
  Roman poems; translated from the Italian by Lawrence
Ferlinghetti and Francesca Valente
  (Pocket poets series, #41)
  English and Italian
  I. Ferlinghetti, Lawrence.   II. Valente, Francesca.
III. Title.

PQ4835.A48A23 1986   851'.914   88/2643
ISBN: 0-87286-188-0
ISBN: 0-87286-187-2 (PBK.)

CITY LIGHTS BOOKS are edited by Lawrence Ferlinghetti
and Nancy J. Peters and published at the City Lights
Bookstore, 261 Columbus Avenue, San Francisco CA 94133.
www.citylights.com

ACKNOWLEDGMENTS

City Lights is especially grateful to Giuseppe Zigaina and Francesca Valente for collaborating in the selection of poems, and to Giuseppe Zigaina for permission to use the photographs of Pasolini.

Thanks are also offered to Alberto Moravia, Associazione Fondo P. Paolo Pasolini, Laura Betti, Graziella Chiarcossi, Francesco Leonetti, Antonio Mazza, Laura Grappiolo, Branko Gorjup, Donna Harris, Diane Wolff, and Aviva Layton. The publication of this volume was assisted by a translation grant from the Italian Ministry of Foreign Affairs, through the Istituto Italiano di Cultura of San Francisco.

Some of these poems are published in Italian in *Le ceneri di Gramsci* © 1981 by Einaudi Editore; *La nuova gioventù: poesie friulane* © 1974, 1975 by Einaudi Editore; *La religione del mio tempo* © 1982 by Einaudi Editore; *Poesie in forma di rosa* © 1964 by Garzanti Editore, and *Transumanar e organizzar* © 1971 by Garzanti Editore.

PROVENANCE OF POEMS

from *Roma 1950, diario*. Milan, Scheiwiller, 1960:
  "Diary" and "The Holiday Over"
from *Le ceneri di Gramsci*. Milan, Garzanti, 1957:
  "The Lament of the Excavator," part 1, and "Fruilian
  Paintings"
from *La religione del mio tempo*. Milan, Garzanti, 1961:
  "Memories of Misery," "The Wealth of Knowing," "The
  Privilege of Thinking," "Roman Evening," "Toward the
  Caracalla Baths," "Sex, Consolation for Misery," "Triumph
  of the Night," "The Desire for Wealth of the Roman
  Lumpen-Proletariat," "I Too Am," "A Sentimental
  Education," "The Resistance and Its Light," "Tears,"
  "To the Red Flag," "Fragment: To Death," and "Rage."
from *Poesia in forma di rosa*. Milan, Garzanti, 1964:
  "I Work All Day," "Prayer to My Mother," and "The
  Search for a Home"
from *Nuovi argomenti*, no. 67-68, 1980:
  "But It Was a Naked and Swarming Italy" (1966)
from *Trasumanar e organizzar*. Milan, Garzanti, 1971:
  "Civil Song" (1969) and "The Presence" (1970)
from *La nuova gioventù*. Turin, Einaudi, 1975:
  "The Song of the Bells" (1941-43) and "The Day of My
  Death" (1944-49)

TABLE OF CONTENTS

Pier Paolo Pasolini

PIER PAOLO PASOLINI

Alberto Moravia

Pier Paolo Pasolini è il maggiore poeta italiano di questa seconda metà del secolo. Un poeta non vale più di un altro. Ma Pasolini ha detto più cose e più importanti e con più forza degli altri.

È stato detto, l'ho detto anch'io, che Pasolini è un poeta civile. Ma debbo subito avvertire che poeta civile, per me, non vuol dire poeta ufficiale, celebrativo, retorico, come sono stati in Italia nella seconda metà dell'Ottocento, Carducci e D'Annunzio, bensì poeta che vede il Paese natale come non lo vedono né possono vederlo, appunto, i potenti di questo paese.

Pier Paolo Pasolini si è trovato a vivere in un periodo disastroso dell'Italia, cioè nel momento di una catastrofe senza pari, dopo una disfatta militare, con due eserciti stranieri che si combattevano sul suo suolo. Nello stesso tempo la rivoluzione industriale attirava nelle città milioni di uomini che provenivano da quella civiltà agreste che Pasolini amava e di cui faceva parte a sua volta. Ho qui alluso a due dei temi principali della poesia di Pasolini: il pianto sulla patria devastata, prostrata, avvilita; e la nostalgia per la cultura contadina.

La poesia di Pasolini viene di lontano, dalle profondità remote della letteratura italiana. Da Dante e da Petrarca, che ci hanno parlato anche loro delle avventure dell'Italia.

PIER PAOLO PASOLINI

Alberto Moravia

Pier Paolo Pasolini is *the* major Italian poet of the second half of this century. One poet is not more valuable than another, but Pasolini has said more important things with greater force than the others.

It has been said, I said it myself, that Pasolini is a *civil* poet. But I must warn you at once that a civil poet doesn't mean to me an official, celebratory, rhetorical poet (as Carducci and D'Annunzio were in Italy in the second half of the nineteenth century) but rather a poet who sees his native land in a way that the powerful of the country do not and cannot see it.

Pasolini found himself living in a disastrous period for Italy, i.e., at the moment of a catastrophe without parallel, after military defeat, with two foreign armies fighting each other on its soil. At the same time, the industrial revolution drew into the cities millions of men from the rural civilization which Pasolini loved and of which he was a part. These are two of the leading themes in Pasolini's poetry: a lament for the devastated, disheartened, prostrated homeland, and nostalgia for the rural culture.

Pasolini's poetry comes from far away, from the remote depths of Italian literature, from Dante and Petrarch, who also spoke of the misfortunes of Italy.

Già l'adozione della terzina dantesca è significativa. Ma Pasolini fa della terzina una struttura poetica molto diversa da quella di Dante. La terzina di Dante è gotica; se si può fare un paragone tra stile letterario e stile architettonico, diremmo che la terzina di Pasolini è romanica, con quel non so che di fascinoso che è proprio dell'arte dell'alto medioevo, in bilico tra romano e germanico, tra mediterraneo e nordico. Quest'effetto "romanico" Pasolini l'ha ottenuto nella sua poesia esprimendo appunto, con una scrittura al tempo stesso nobile e parlata, il sentimento struggente di appartenere anche lui come l'arte romanica, a due età in transizione, a due culture in contrasto, a due civiltà l'una morente e l'altra sul nascere.

Tutto questo fa di Pasolini un poeta attuale e antico; un poeta che ha voluto essere primitivo in un'epoca decadente. Veniva da un angolo molto particolare dell'Italia, il Friuli, e apparteneva ad una vecchia cultura mediterranea come quella italiana, eppure, miracolosamente ha saputo essere universale, interprete di quella stessa temperie spirituale che, a suo tempo, rese universale la poesia di un altro poeta a lui affine, Arthur Rimbaud.

The adoption of Dante's *terzina* is significant. Pasolini however makes of the *terzina* a poetic structure which is very different from Dante's. Dante's *terzina* is gothic. If I can make a parallel between literary and architectonic style, I would say that Pasolini's is romanesque, with that charm typical of art in the High Middle Ages, balanced between the Roman and Germanic, between the Mediterranean and the Nordic. Pasolini achieved this romanesque effect in his poetry, expressing at the same time both classic and common speech, the tormented feeling of belonging like romanesque art to two eras in transition, to two contrasting cultures, to two civilizations, one dying and one about to be born.

All of this makes Pasolini both a contemporary and an ancient poet, a poet who has chosen to be primitive in a decadent epoch. He came from a very special corner of Italy, Friuli, and he belonged to an old Mediterranean culture, like the Italian, and yet, miraculously he managed to be universal, an interpreter of that same spiritual distemper which made universal the poetry of another poet like him, Arthur Rimbaud.

October 1984

DIARIO

Adulto? Mai—mai, come l'esistenza
che non matura—resta sempre acerba,
di splendido giorno in splendido giorno—
io non posso che restare fedele
alla stupenda monotonia del mistero.
Ecco perchè, nella felicità,
non mi sono abbandonato—ecco
perchè nell'ansia delle mie colpe
non ho mai toccato un rimorso vero.
Pari, sempre pari con l'inespresso,
all'origine di quello che io sono.

DIARY

Grown up? Never—never—! Like existence itself
which never matures—staying always green
from splendid day to splendid day—
I can only stay true
to the stupendous monotony of the mystery.
That's why I've never abandoned myself to happiness,
that's why in the anxiety of my sins
I've never been touched by real remorse.
Equal, always equal, to the inexpressible
at the very source of what I am.

CHIUSA LA FESTA . . .

Chiusa la festa su una Roma sorda
a ogni ingenua attesa, chiusa la sera,
come immondizie al vento i passi
del ritorno, le voci, i fischi, vanno
morendo vasti per le strade, vuoti
negli androni. È la sosta della cena.
Ma dove il caos della città si gela
in prati e in lumi costellati
lungo viali murati in una pace
di morte, è già la vecchia notte;
e affondato come in una tomba
serena, il caos della città si gela
sul fango che il ciclista brucia perso
nella sua corsa desolata—un canto
che tenue rimbomba sugli asfalti
sporchi e bagnati . . . Poi sul lungofiume
smaglianti corone di fanali,
qualche stella ai fianchi delle nubi—
sulle periferie, da Monteverde
a Testaccio, stagna stanco e umido

THE HOLIDAY OVER . . .

The holiday over, in a Rome deaf
to all naive expectations,
the night falling like trash on the wind,
returning footsteps, voices,
whistles fading away,
farflung in the streets,
hollow in the hallways.
It's the pause for supper.
But where the city's chaos congeals
in empty lots and clusters of light
along avenues immured in a deathly peace
it is already ancient night,
and sunk, as in a tranquil tomb,
the city chaos freezes
in the mud the cyclist burns up
lost in his desolate race—
a drawn-out song resounds
over the asphalt dirty and wet . . .
Then along the riverside
dazzling crowns of headlights,
some stars on the edges of clouds—
on the outskirts of the city
from Monteverde to Testaccio
the wet and weary hum

un vibrare di voci di operai
e di motori—velina incrostazione
del nostro mondo sul nudo universo.

of workers' voices and motors
turns humdrum—
flimsy crust of our world
over the naked universe.

IL PIANTO DELLA SCAVATRICE

I

Solo l'amare, solo il conoscere
conta, non l'aver amato,
non l'aver conosciuto. Dà angoscia

il vivere di un consumato
amore. L'anima non cresce più.
Ecco nel calore incantato

della notte che piena quaggiù
tra le curve del fiume e le sopite
visioni della città sparsa di luci,

echeggia ancora di mille vite,
disamore, mistero, e miseria
dei sensi, mi rendono nemiche

le forme del mondo, che fino a ieri
erano la mia ragione d'esistere.
Annoiato, stanco, rincaso, per neri

piazzali di mercati, tristi
strade intorno al porto fluviale,
tra le baracche e i magazzini misti

THE LAMENT OF THE EXCAVATOR

I

It is only loving, only knowing that matters,
not *having* loved, not *having* known.
To live for a past love

makes for agony. The soul
doesn't grow any more.
Here, in the enchanted heat of the night

in its depth down here
along the bends of the river with its drowsy
visions of the city strewn with lights

echoing still with a thousand lives,
lacklove, mystery and misery of the senses
make me an enemy of the forms of the world,

which until yesterday were my reason for living.
Bored and weary, I return home,
through dark market places,

sad streets by river docks,
among shacks and warehouses mixed
with the last fields.

agli ultimi prati. Lì mortale
è il silenzio: ma giù, a viale Marconi,
alla stazione di Trastevere, appare

ancora dolce la sera. Ai loro rioni,
alle loro borgate, tornano su motori
leggeri—in tuta o coi calzoni

di lavoro, ma spinti da un festivo ardore—
i giovani, coi compagni sui sellini,
ridenti, sporchi. Gli ultimi avventori

chiacchierano in piedi con voci
alte nella notte, qua e là, ai tavolini
dei locali ancora lucenti e semivuoti.

Stupenda e misera città,
che m'hai insegnato ciò che allegri e feroci
gli uomini imparano bambini,

le piccole cose in cui la grandezza
della vita in pace si scopre, come
andare duri e pronti nella ressa

delle strade, rivolgersi a un altro uomo
senza tremare, non vergognarsi
di guardare il denaro contato

There, silence is deadly.
But down along the Viale Marconi,
at Trastevere station, the evening still seems sweet.

To their neighborhoods, to their suburbs
the young return on light motorbikes—
in overalls and work pants

but spurred on by a festive excitement,
with a friend behind on the saddle,
laughing and dirty. The last customers

stand gossiping loudly
in the night, here and there, at tables
in almost-empty still brightly-lit bars.

Stupendous and miserable city,
you taught me what joyful ferocious men
learn as kids,

the little things in which the greatness
of life is discovered in peace,
how to be tough and ready

in the confusion of the streets,
addressing another man, without trembling,
not ashamed to watch money counted

con pigre dita dal fattorino
che suda contro le facciate in corsa
in un colore eterno d'estate;

a difendermi, a offendere, ad avere
il mondo davanti agli occhi e non
soltanto in cuore, a capire

che pochi conoscono le passioni
in cui io sono vissuto:
che non mi sono fraterni, eppure sono

fratelli proprio nell'avere
passioni di uomini
che allegri, inconsci, interi

vivono di esperienze
ignote a me. Stupenda e misera
città che mi hai fatto fare

esperienza di quella vita
ignota: fino a farmi scoprire
ciò che, in ognuno, era il mondo.

Una luna morente nel silenzio,
che di lei vive, sbianca tra violenti
ardori, che miseramente sulla terra

with lazy fingers by sweaty delivery boys
against facades flashing by
in the eternal color of summer,

to defend myself, to offend,
to have the world before my eyes
and not just in my heart,

to understand that few know the passions
which I've lived through:
they are not brothers to me,

and yet they are true brothers
with passions of men who,
light-hearted, inconscient,

live entire experiences unknown to me.
Stupendous and miserable city,
which made me experience that unknown life

until I discovered what
in each of us
was the world.

A moon dying in the silence that lives on it
pales with a violent glow
which miserably, on the mute earth,

muta di vita, coi bei viali, le vecchie
viuzze, senza dar luce abbagliano
e, in tutto il mondo, le riflette

lassù, un po' di calda nuvolaglia.
E la notte più bella dell'estate.
Trastevere, in un odore di paglia

di vecchie stalle, di svuotate
osterie, non dorme ancora.
Gli angoli bui, le pareti placide

risuonano d'incantati rumori.
Uomini e ragazzi se ne tornano a casa
—sotto festoni di luci ormai sole—

verso i loro vicoli, che intasano
buio e immondizia, con quel passo blando
da cui più l'anima era invasa

quando veramente amavo, quando
veramente volevo capire.
E, come allora, scompaiono cantando.

with its beautiful boulevards and old lanes,
dazzles them without shedding light,
and a few hot cloud masses

reflect them over the world.
It is the most beautiful summer night.
Trastevere, smelling of straw

from old stables and half-empty wine bars,
isn't asleep yet.
The dark corners and peaceful walls

echo with enchanted noise.
Men and boys returning home
under festoons of lonely lights,

toward their alleys choked with darkness and garbage,
with that soft step
which struck my soul

when I really loved,
when I really longed to understand.
And now as then, they disappear, singing.

RICORDI DI MISERIA

Ché qualcos'altro, ancora, brucia il cuore:
fuoco, anche questo, di cui io, vile,
non vorrei parlare: come di un dolore
troppo interiore e misero, per dire
l'interiore e misera grandezza
che pure ha in sé ogni nostro dolore.

Il desiderio di poter contare
sul pane, almeno, e un po' di povera lietezza
Ma preme senza vita l'ansia che più serve
a stare in vita . . . Quanta vita mi ha tolto
l'essere stato per anni un triste
disoccupato, una smarrita vittima
di ossesse speranze. Quanta vita
l'essere corso ogni mattina tra resse
affamate, da una povera casa, perduta
nella periferia, a una povera scuola
perduta in altra periferia: fatica
che accetta solo chi è preso alla gola,
e ogni forma dell'esistenza gli è nemica.

Ah, il vecchio autobus delle sette, fermo
al capolinea di Rebibbia, tra due
baracche, un piccolo grattacielo, solo
nel sapore del gelo o dell'afa . . .

MEMORIES OF MISERY

Because something else still burns my heart:
this fire too, which I, cowardly,
would not want to talk about, a grief
too deep and miserable to express
the deep and miserable vastness
which still contains within itself all our pain.

The desire to be able to count on bread, at least,
and a little poor happiness—
But anxiety, which is most useful in surviving,
bears down lifelessly . . .
How much life has been taken from me,
sadly unemployed for years,
a dazed victim of obsessive hopes.
How much life,
having to run in hungry crowds every morning
from a poor house lost at the edge of town
to a poor school on another periphery:
work accepted only by one in desperate straits
to whom every form of existence is hostile.

Ah, the old seven-o'clock bus
stopped at the end of the Rebibbia line
between two hovels and a small skyscraper,
alone in freezing chill or sultry heat . . .

Quelle faccie dei passaggeri
quotidiani, come in libera uscita
da tristi caserme, dignitosi e seri
nella finta vivacità di borghesi
che mascherava la dura, l'antica
loro paura di poveri onesti.

Era loro la mattina che bruciava,
sul verde dei campi di legumi intorno
all'Aniene, l'oro del giorno,
risvegliando l'odore dei rifiuti,
spargendo una luce pura come uno sguardo
divino, sulle file delle mozze casette,
assopite insieme nel cielo già caldo . . .
Quella corsa sfiatata tra le strette
aree da costruzione, le prodaie bruciate,
la lunga Tiburtina. . . Quelle file di operai,
disoccupati, ladri, che scendevano
ancora unti del grigio sudore
dei letti—dove dormivano da piedi
coi nipoti—in camerette sporche
di polvere come carrozzoni, biechi e gai . . .
Quella periferia tagliata in lotti
tutti uguali, assorbiti dal sole
troppo caldo, tra cave abbandonate,
rotti argini, tuguri, fabbrichette . . .

Those faces of everyday passengers
as if out on a pass from sad barracks,
dignified and serious,
with the feigned vivacity of the bourgeoisie
masking the age-old fear
of the honest poor.

Theirs was the burning morning
in the green legume fields of Aniene,
the gold of day stirring garbage smells,
diffusing light as pure as a divine glance
over the rows of broken shacks
dozing off in the already-warm sky . . .
That breathless run
between narrow construction sights,
the burnt-out banks by the Tiburtina . . .
Those lines of workers, unemployed, thieves,
getting off, still greasy with gray sweat
from beds where they slept head-to-foot
with their grandchildren in small dirty bedrooms,
dusty as wagons, sleazy and bright . . .
Those city outskirts cut up in lots, all alike,
parched by the too-hot sun
among abandoned quarries,
broken embankments, hovels, sweatshops . . .

LA RICCHEZZA DEL SAPERE

Ma in questo mondo che non possiede
nemmeno la coscienza della miseria,
allegro, duro, senza nessuna fede,
io ero ricco, possedevo!
Non solo perché una dignità borghese
era nei miei vestiti e nei miei gesti
di vivace noia, di repressa passione:
ma perché non avevo la coscienza
della mia ricchezza!

L'essere povero era solo un accidente
mio (o un sogno, forse, un'inconscia
rinuncia di chi protesta in nome di Dio . . .)
Mi appartenevano, invece, biblioteche,
gallerie, strumenti d'ogni studio: c'era
dentro la mia anima nata alle passioni,
già, intero, San Francesco, in lucenti
riproduzioni, e l'affresco di San Sepolcro,
e quello di Monterchi: tutto Piero,
quasi simbolo dell'ideale possesso,
se oggetto dell'amore di maestri,
Longhi o Contini, privilegio
d'uno scolaro ingenuo, e, quindi,
squisito . . . Tutto, è vero,

THE WEALTH OF KNOWING

But in this world which doesn't possess
even a consciousness of misery,
light-hearted, hard, without any faith,
I was rich, I possessed!
Not only because my clothes and gestures
had a bourgeois dignity
of lively ennui, of repressed passion,
but because I didn't have any awareness
of my wealth!

Being poor was only an accident
(or a dream, perhaps, an unconscious renunciation
of one who protests in the name of God . . .)
Instead there belonged to me
libraries, galleries, tools of every discipline.
There was already in my soul, born to passion,
Saint Francis *in toto*,
in luminous reproductions,
and the fresco of San Sepolcro
and of Monterchi, all of Piero,
almost a symbol of ideal possession,
object of the love of masters,
Longhi or Contini, privilege
of an ingenuous student,
and therefore exquisite . . .

questo capitale era già quasi speso,
questo stato esaurito: ma io ero
come il ricco che, se ha perso la casa
o i campi, ne è, dentro, abituato:
e continua a esserne padrone . . .

Giungeva l'autobus al Portonaccio,
sotto il muraglione del Verano:
bisognava scendere, correre attraverso
un piazzale brulicante di anime,
lottare per prendere il tram,
che non arrivava mai o partiva sotto gli occhi,
ricominciare a pensare sulla pensilina
piena di vecchie donne e sporchi giovanotti,
vedere le strade dei quartieri tranquilli,
Via Morgagni, Piazza Bologna, con gli alberi
gialli di luce senza vita, pezzi di mura,
vecchie villette, palazzine nuove,
il caos della città, nel bianco
sole mattutino, stanca e oscura . . .

All this capital, it's true, was almost spent,
this situation almost exhausted: but I
I was like a rich man who
having lost his house or fields
is used to them deep down
and continues to be the owner . . .

The bus used to come to Portonaccio,
under the Verano embankment:
You had to get off,
run through a square swarming with souls,
fight to get on the streetcar
which would never arrive or leave right under your eyes,
start thinking again on the platform
full of old ladies and dirty kids,
see the streets of the quiet districts,
Via Morgagni, Piazza Bologna, with their trees
yellow with lifeless light, fragments of walls,
little old houses, new apartments,
the chaos of the city,
in the white morning sun,
weary and dark . . .

IL PRIVILEGIO DI PENSARE

Ah, raccogliersi in sé, e pensare!
Dirsi, ecco, ora penso—seduti
sul sedile, presso l'amico finestrino.
Posso pensare! Brucia gli occhi, il viso,
dalle marcite di Piazza Vittorio,
il mattino, e, misero, adesivo,
mortifica l'odore del carbone
l'avidità dei sensi: un dolore terribile
pesa nel cuore, così di nuovo vivo.

Bestia vestita da uomo—bambino
mandato in giro solo per il mondo,
col suo cappotto e le sue cento lire,
eroico e ridicolo me ne vado al lavoro,
anch'io, per vivere . . . Poeta, è vero,
ma intanto eccomi su questo treno
carico tristemente di impiegati,
come per scherzo, bianco di stanchezza,
eccomi a sudare il mio stipendio,
dignità della mia falsa giovinezza,
miseria da cui con interna umiltà
e ostentata asprezza mi difendo . . .

THE PRIVILEGE OF THINKING

Ah, to withdraw into myself and think!
To tell myself, here, now, I'm thinking, sitting
on a seat, by a friendly window.
I can think!
In the miasma of the Piazza Vittorio
the morning burns my eyes, my face,
and the miserable sticky smell of coal
mortifies the thirst of my senses:
a terrible pain weighs down my heart,
so alive again.

Beast dressed as man,
boy sent around the world alone,
with his coat and his hundred *lire*,
heroic and ridiculous I too am going to work
to make a living . . . A poet, it's true,
but now here I am on this train
sadly loaded with clerks,
as if for a joke, white with weariness,
here I am sweating out my salary,
dignity of my false youth,
a misery from which with inner humility
and ostentatious roughness
I defend myself . . .

Ma penso! Penso nell'amico angoletto,
immerso l'intera mezz'ora del percorso,
da San Lorenzo alle Capannelle,
dalle Capannelle all'aeroporto,
a pensare, cercando infinite lezioni
a un solo verso, a un pezzetto di verso.
Che stupendo mattino! A nessun altro
uguale! Ora fili di magra
nebbiolina, ignara tra i muraglioni
dell'acquedotto, ricoperto
da casette piccole come canili,
e strade buttate là, abbandonate,
al solo uso di quella povera gente.
Ora sfuriate di sole, su praterie di grotte
e cave, naturale barocco, con verdi
stesi da un pitocco Corot; ora soffi d'oro
sulle piste dove con deliziose groppe marrone
corrono i cavalli, cavalcati da ragazzi
che sembrano ancor più giovani, e non sanno
che luce è nel mondo intorno a loro.

But I think! I think in a friendly corner,
absorbed for the whole half hour ride,
from San Lorenzo to the Capannelle,
from the Capannelle to the airport,
in my thoughts, looking for infinite lessons,
for one verse only, for a fragment of verse.
What a stupendous morning! Unlike any other!
Threads of thin mist
over the aqueduct banks
covered with houses small as kennels,
and abandoned scattered streets
used only by the poor.
Now an outburst of sun on fields, grottos, caves,
a natural baroque,
with green laid on by a stingy Corot.
Now a flash of gold on the tracks
where with their delicious brown rumps
horses run, ridden by boys
who seem even younger
and don't know there's light
in the world all around them.

SERATA ROMANA

Dove vai per le strade di Roma,
sui filobus o i tram in cui la gente
ritorna? In fretta, ossesso, come
ti aspettasse il lavoro paziente,
da cui a quest'ora gli altri rincasano?
È il primo dopocena, quando il vento
sa di calde miserie familiari
perse nelle mille cucine, nelle
lunghe strade illuminate,
su cui più chiare spiano le stelle.
Nel quartiere borghese, c'è la pace
di cui ognuno dentro si contenta,
anche vilmente, e di cui vorrebbe
piena ogni sera della sua esistenza.
Ah, essere diverso—in un mondo che pure
è in colpa—significa non essere innocente . . .
Va, scendi, lungo le svolte oscure
del viale che porta a Trastevere:
ecco, ferma e sconvolta, come
dissepolta da un fango di altri evi
—a farsi godere da chi può strappare
un giorno ancora alla morte e al dolore—
hai ai tuoi piedi tutta Roma . . .

ROMAN EVENING

Where are you going through the streets of Rome
in buses or trolleys
full of people going home?
Hurried and preoccupied
as if routine work were waiting for you,
work from which others now are returning?
It is right after supper,
when the wind smells of warm familial misery
lost in a thousand kitchens,
in the long, illuminated streets
spied on by brighter stars.
In the bourgeois quarter there's a peace
which makes everyone contented,
vilely happy,
a contentment everyone wants
their lives to be full of,
every evening.
Ah, to be different—in a world which
is indeed guilty—that is, not at all innocent . . .
Go, down the dark crooked streets
to Trastevere:
There, motionless and disordered,
as if dug from the mud of other eras—
to be enjoyed by those who can steal
one more day from death and grief—
there you have all Rome at your feet . . .

Scendo, attraverso Ponte Garibaldi,
seguo la spalletta con le nocche
contro l'orlo rosicchiato della pietra,
dura nel tepore che la notte
teneramente fiata, sulla volta
dei caldi platani. Lastre d'una smorta
sequenza, sull'altra sponda, empiono
il cielo dilavato, plumbei, piatti,
gli attici dei caseggiati giallastri.
E io guardo, camminando per i lastrici
slabbrati, d'osso, o meglio odoro,
prosaico ed ebbro—punteggiato d'astri
invecchiati e di finestre sonore—
il grande rione familiare:
la buia estate lo indora,
umida, tra le sporche zaffate
che il vento piovendo dai laziali
prati spande su rotaie e facciate.

E come odora, nel caldo così pieno
da esser esso stesso spazio,
il muraglione, qui sotto:
da ponte Sublicio fino sul Gianicolo
il fetore si mescola all'ebbrezza

I get off and cross Garibaldi bridge,
keeping to the parapet
with my knuckles following
the worn edge of the stone,
hard in the heat
that the night tenderly exhales
onto the arcades of warm plane trees.
On the opposite bank
flat, lead-colored attics of ochre buildings
fill the washed-out sky
like paving-stones in a row.
Walking along the broken bone-like pavement
I see, or rather smell,
at once excited and prosaic—
dotted with aged stars and loud windows—
the big family neighborhood:
the dark, dank summer gilds it
with the foul stench
that the wind raining down from Roman meadows
sheds on trolley tracks and facades.

And how the embankment smells
in a heat so pervasive
as to be itself a space:
from Sublicio bridge to the Gianicolo
the stench blends with the intoxication

della vita che non è vita.
Impuri segni che di qui sono passati
vecchi ubriachi di Ponte, antiche
prostitute, frotte di sbandata
ragazzaglia: impure traccie
umane che, umanamente infette,
son' lì a dire, violente e quiete,
questi uomini, i loro bassi diletti
innocenti, le loro misere mete.

of the life that isn't life.
Impure signs that old drunks, ancient whores,
gangs of errant boys
have passed by here:
impure human traces,
humanly infected,
here to reveal these men,
violent and quiet,
their innocent low delights,
their miserable ends.

VERSO LE TERME DI CARACALLA

Vanno verso le Terme di Caracalla
giovani amici, a cavalcioni
di Rumi o Ducati, con maschile
pudore e maschile impudicizia,
nelle pieghe calde dei calzoni
nascondendo indifferenti, o scoprendo,
il segreto delle loro erezioni . . .
Con la testa ondulata, il giovanile
colore dei maglioni, essi fendono
la notte, in un carosello
sconclusionato, invadono la notte,
splendidi padroni della notte . . .

Va verso le Terme di Caracalla,
eretto il busto, come sulle natìe
chine appenniniche, fra tratturi
che sanno di bestia secolare e pie
ceneri di berberi paesi—già impuro
sotto il gaglioffo basco impolverato,
e le mani in saccoccia—il pastore migrato

TOWARD THE CARACALLA BATHS

Going toward the Caracalla Baths
young friends
on Rumi or Ducati bikes
with male modesty and male immodesty
indifferently hiding or revealing
in the warm folds of their trousers
the secret of their erections . . .
With wavy hair
in youthful colored sweaters
they cleave the night,
in an endless carousal,
they invade the night,
splendid masters of the night . . .

Going toward the Caracalla Baths
with bare chest, as if upon
his native Apennine slopes
among sheep trails
for centuries smelling
of animals and holy ashes
from Berber countries—
already impure, under his dusty rough beret,
hands in his pockets—
the shepherd migrated
when he was eleven,

undicenne, e ora qui, malandrino e giulivo
nel romano riso, caldo ancora
di salvia rossa, di fico e d'ulivo . . .

Va verso le Terme di Caracalla,
il vecchio padre di famiglia, disoccupato,
che il feroce Frascati ha ridotto
a una bestia cretina, a un beato,
con nello chassì i ferrivecchi
del suo corpo scassato, a pezzi,
rantolanti: i panni, un sacco,
che contiene una schiena un po' gobba,
due coscie certo piene di croste,
i calzonacci che gli svolazzano sotto
le saccoccie della giacca pese
di lordi cartocci. La faccia
ride: sotto le ganasce, gli ossi
masticano parole, scrocchiando:
parla da solo, poi si ferma,
e arrotola il vecchio mozzicone,
carcassa dove tutta la giovinezza,
resta, in fiore, come un focaraccio
dentro una còfana o un catino:
non muore chi non è mai nato.

Vanno verso le Terme di Caracalla . . .

and now here he is,
jesting scoundrel with his Roman smile
still warm with red sage, figs and olives . . .

Going toward the Caracalla Baths,
the old paterfamilias, unemployed,
reduced by ferocious Frascati
to a blissful dumb beast
with the scrap-iron chassis
of his broken body wheezing,
his clothes a sack containing
a back slightly hunched
and two thighs covered with scabs,
rough trousers flapping
under the pockets of his jacket
full of crumpled paper bags.
The face laughs:
under the jaws, the creaking bones
chewing words,
he laughs to himself,
then stops and rolls an old butt,
his carcass in which all youth
remains in bloom,
like a bonfire
in an old bin or basin:
He never dies who was never born.

Going toward the Caracalla Baths . . .

SESSO, CONSOLAZIONE
DELLA MISERIA

Sesso, consolazione della miseria!
La puttana è una regina, il suo trono
è un rudere, la sua terra un pezzo
di merdoso prato, il suo scettro
una borsetta di vernice rossa:
abbaia nella notte, sporca e feroce
come un'antica madre: difende
il suo possesso e la sua vita.
I magnaccia, attorno, a frotte,
gonfi e sbattuti, coi loro baffi,
brindisini o slavi, sono
capi, reggenti: combinano
nel buio, i loro affari di cento lire,
ammiccando in silenzio, scambiandosi
parole d'ordine: il mondo, escluso, tace
intorno a loro, che se ne sono esclusi,
silenziose carogne di rapaci.

Ma nei rifiuti del mondo, nasce
un nuovo mondo: nascono leggi nuove
dove non c'è più legge; nasce un nuovo
onore dove onore è il disonore . . .
Nascono potenze e nobiltà,
feroci, nei mucchi di tuguri,

SEX, CONSOLATION
FOR MISERY

Sex, consolation for misery!
The whore is queen, her throne a ruin,
her land a piece of shitty field,
her sceptre a purse of red patent leather:
she barks in the night,
dirty and ferocious as an ancient mother:
she defends her possessions and her life.
The pimps swarming around
bloated and beat
with their Brindisi or Slavic moustaches
are leaders, rulers:
in the dark they make their hundred *lire* deals,
winking in silence, exchanging passwords:
the world, excluded, remains silent
about those who have excluded themselves,
silent carcasses of predators.

But from the world's trash
a new world is born,
new laws are born where there are no longer laws
a new honor is born
in which honor is dishonor,
a ferocious nobility and power is born
in the piles of hovels

nei luoghi sconfinati dove credi
che la città finisca, e dove invece
ricomincia, nemica, ricomincia
per migliaia di volte, con ponti
e labirinti, cantieri e sterri,
dietro mareggiate di grattacieli,
che coprono interi orizzonti.

Nella facilità dell'amore
il miserabile si sente uomo:
fonda la fiducia nella vita, fino
a disprezzare chi ha altra vita.
I figli si gettano all'avventura
sicuri d'essere in un mondo
che di loro, del loro sesso, ha paura.
La loro pietà è nell'essere spietati,
la loro forza nella leggerezza,
la loro speranza nel non avere speranza.

in the open spaces
where one thinks the city ends
and where instead it begins again, hostile,
begins again a thousand times,
with bridges and labyrinths,
foundations and diggings,
behind a surge of skyscrapers
covering whole horizons.

In the ease of love
the wretch feels himself a man,
builds up faith in life,
and ends despising all who have a different life.
The sons throw themselves into adventure
secure in a world which fears them and their sex.
Their piety is in being pitiless,
their strength in their lightness,
their hope in having no hope.

TRIONFO DELLA NOTTE

La catasta dei ruderi arancione
che la notte con il fresco colore
del tartaro infanga, dei bastioni
di leggera pomice, erborei,
monta nel cielo: e più vuote
sotto, le Terme di Caracalla al bruciore
della luna spalancano l'immoto
bruno dei prati senza erbe, dei pesti
rovi: tutto svapora e si fa fioco
tra colonnati di caravaggesca polvere,
e ventagli di magnesio,
che il cerchietto della luna campestre
scolpisce in fumate iridescenti.
Da quel grande cielo, ombre grevi,
scendono i clienti, soldati pugliesi
o lombardi, o giovincelli di Trastevere,
isolati, a bande, e nel basso piazzale
sostano dove le donne, arse e lievi
come stracci scossi dall'aria serale,
rosseggiano, urlando—quale bambina
sordida, quale innocente vecchia, e quale

TRIUMPH OF THE NIGHT

The pile of orange ruins
which the night stains
with the fresh color of tartar,
grass-grown ramparts of light pumice
reaching to the sky,
and even emptier down below
the Baths of Caracalla
open wide to the burning moon
on the grassless fields and trampled bushes
in the still dusk:
all fades and grows dim
among Caravaggio colonnades of dust
and silver fans that
the little disk of the country moon
carves in iridescent puffs of smoke.
From that big sky
customers come down like heavy shadows,
soldiers from Puglia or Lombardy,
kids from Trastevere, alone, in gangs.
In the low square
they stop where the women
burnt-out and loose
like rags aflutter in the evening air
redden and yell
like sordid little sisters,

madre: e in cuore alla città che vicina
preme con raschi di tram e groppi
di luci, aizzano, nella loro Caina,
i calzoni duri di polvere che si spingono,
capricciosi, agli sprezzanti galoppi
sopra rifiuti e livide rugiade.

like innocent old women and mothers,
in the very heart of the surrounding city
freighted with the rasping of trams
and meshes of light,
in their ninth circle of Hell
they arouse the trousers stiff with dust
that throw themselves into a despicable trot
over the garbage and livid dew.

IL DESIDERO DI RICCHEZZA
DEL SOTTOPROLETARIO
ROMANO

Li osservo, questi uomini, educati
ad altra vita che la mia: frutti
d'una storia tanto diversa, e ritrovati,
quasi fratelli, qui, nell'ultima forma
storica di Roma. Li osservo: in tutti
c'è come l'aria d'una buttero che dorma
armato di coltello: nei loro succhi
vitali, è disteso un tenebrore intenso,
la papale itterizia del Belli,
non porpora, ma spento peperino,
bilioso cotto. La biancheria, sotto,
fine e sporca; nell'occhio, l'ironia
che trapela il suo umido, rosso,
indecente bruciore. La sera li espone
quasi in romitori, in riserve
fatte di vicoli, muretti, androni
e finestrelle perse nel silenzio.
È certo la prima delle loro passioni
il desiderio di ricchezza: sordido
come le loro membra non lavate,
nascosto, e insieme scoperto,
privo di ogni pudore: come senza pudore
è il rapace che svolazza pregustando

THE DESIRE FOR WEALTH
OF THE ROMAN
LUMPENPROLETARIAT

I observe them, these men brought up
to a life other than mine, fruit
of so different a history, here met again,
almost brothers, the final form
of Roman history. I observe them: in all
there's an air of shepherds asleep
armed with knives; in their life-juices
lies an intense darkness,
the papal jaundice of Belli,
not purple but lifeless pepper-red,
bilious terracotta. Their underwear
threadbare and dirty; an irony in the eye
reveals a wet, red
repulsive burning. The evening exposes them
in hideaways, in ghettos
of narrow alleys, low walls, passageways
and little windows lost in silence.
And surely the first of their passions
is their desire for wealth,
sordid as their unwashed limbs,
hidden yet exposed,
deprived of all modesty
as without shame some fluttering bird of prey

chiotto il boccone, o il lupo, o il ragno;
essi bramano i soldi come zingari,
mercenari, puttane: si lagnano
se non ce n'hanno, usano lusinghe
abbiette per ottenerli, si gloriano
plautinamente se ne hanno le saccocce piene.
Se lavorano—lavoro di mafiosi macellari,
fermi lucidatori, invertiti commessi,
tranvieri incarogniti, tisici ambulanti,
manovali buoni come cani—avviene
che abbiano ugualmente un'aria di ladri:
troppa avita furberia in quelle vene . . .

Sono usciti dal ventre delle loro madri
a ritrovarsi in marciapiedi o in prati
preistorici, e iscritti in un'anagrafe
che da ogni storia li vuole ignorati . . .
Il loro desiderio di ricchezza
è, così, banditesco, aristocratico.
Simile al mio. Ognuno pensa a sé,
a vincere l'angosciosa scommessa,
a dirsi: «È fatta,» con un ghigno di re . . .
La nostra speranza è ugualmente ossessa:
estetizzante, in me, in essi anarchica.
Al raffinato e al sottoproletario spetta
la stessa ordinazione gerarchica
dei sentimenti: entrambi fuori dalla storia,
in un mondo che non ha altri varchi

savors a bite,
or like a wolf or spider.
They long for money like gypsies, mercenaries, whores;
they moan if they don't have it,
using gross flattery to get it,
boasting like Plautus
if their pockets are full of it.
If they work—mafiosi butchers,
beastly shiner-uppers, homo clerks,
miserable bus drivers, consumptive bums,
day-laborers like dogs—
they all have the same air of thieves:
too ancient a shrewdness in those veins . . .

They came out of their mothers' bellies
to find themselves on sidewalks or in prehistoric fields,
inscribed in birth registers
which want all history to forget them . . .
Their desire for wealth
is at once bandit-like and aristocratic,
like mine. Everybody thinks of himself,
of winning the anguished bet,
of telling himself, "We made it" with a royal sneer . . .
Our hopes are equally obsessive:
esthetic in me, anarchic in them.
The refined one and the lumpen proletarian
in the same hierarchic order of feeling,
both outside history,
in a world with no way out

che verso il sesso e il cuore,
altra profondità che nei sensi.
In cui la gioia è gioia, il dolore dolore.

except through sex and the heart,
with no profundity except in the senses.
In which joy is joy, pain pain.

VADO ANCH'IO VERSO . . .

Vado anch'io verso le Terme di Caracalla,
pensando—col mio vecchio, col mio
stupendo privilegio di pensare . . .
(E a pensare in me sia ancora un dio
sperduto, debole, puerile:
ma la sua voce è così umana
ch'è quasi un canto.) Ah, uscire
da questa prigione di miseria!
Liberarsi dall'ansia che rende
così stupende queste notti antiche!
C'è qualcosa che accomuna chi sa l'ansia
e chi non la sa: l'uomo ha umili desideri.
Prima d'ogni altra cosa, una camicia candida!
Prima d'ogni altra cosa, delle scarpe buone,
dei panni seri! E una casa, in quartieri
abitati da gente che non dia pena,
un appartamento, al piano più assolato,
con tre, quattro stanze, e una terrazza,
abbandonata, ma con rose e limoni . . .

Solo fino all'osso, anch'io ho dei sogni
che mi tengono ancorato al mondo,
su cui passo quasi fossi solo occhio . . .

I TOO AM . . .

I too am on the way to the Caracalla Baths,
thinking with my old
stupendous privilege of thinking . . .
(And to think that a god
may still be in me,
bewildered, feeble, child-like,
but his voice so human,
almost like a song).
Ah, to escape this prison of misery!
To free oneself from the anxiety that makes
these ancient nights so stupendous!
Something's there to be shared
by those who know longing and those who don't.
Man has humble desires:
First of all, an immaculate shirt.
First of all, good shoes, proper clothing!
And a house in a district
where people don't bother you,
an apartment high up in full sun
with three or four rooms and a balcony,
secluded, but with roses and lemons . . .

Alone to the bone, I too have dreams
that keep me anchored in the world,
glancing at it as if I
were only an eye . . .

Io sogno, la mia casa, sul Gianicolo,
verso Villa Pamphili, verde fino al mare:
un attico, pieno del sole antico
e sempre crudelmente nuovo di Roma;
costruirei, sulla terrazza una vetrata,
con tende scure, di impalpabile tela:
ci metterei, in un angolo, un tavolo
fatto fare apposta, leggero, con mille
cassetti, uno per ogni manoscritto,
per non trasgredire alle fameliche
gerarchie della mia ispirazione . . .
Ah, un po' d'ordine, un po' di dolcezza,
nel mio lavoro, nella mia vita . . .
Intorno metterei sedie e poltrone,
con un tavolinetto antico, e alcuni
antichi quadri, di crudeli manieristi,
con le cornici d'oro, contro
gli astratti sostegni delle vetrate . . .
Nella camera da letto (un semplice
lettuccio, con coperte infiorate
tessute da donne calabresi o sarde)
appenderei la mia collezione
di quadri che amo ancora: accanto
al mio Zigaina, vorrei un bel Morandi,
un Mafai, del quaranta, un De Pisis,
un piccolo Rosai, un gran Guttuso . . .

I dream of my house on the Gianicolo
near Villa Pamphili,
green all the way to the sea,
a penthouse full of old sun,
always cruelly new in Rome.
I'd build a veranda on the balcony
with dark curtains, of impalpable cloth.
I'd place in a corner
a light custom-made table
with a thousand drawers,
one for each manuscript
so as not to violate
the insatiable hierarchies of my inspiration . . .
Ah, a bit of order, a bit of sweetness
in my work, in my life . . .
All around I'd put seats and armchairs,
together with a small antique table
and a few old paintings by cruel mannerists,
with golden frames, set against
the bare structure of the veranda.
In the bedroom (a simple bed,
a flowery bedspread woven by women
from Calabria or Sardinia)
Here I'd hang the paintings I still love:
next to my Zigaina, a beautiful Morandi,
a Mafai of the forties, a De Pisis,
a small Rosai, a large Guttuso . . .

UN'EDUCAZIONE SENTIMENTALE

Chi fui? Che senso ebbe la mia presenza
in un tempo che questo film rievoca
ormai così tristemente fuori tempo?
Non posso farlo ora, ma devo
prima o poi sviscerarlo fino in fondo,
fino a un definitivo sollievo . . .
Lo so: ero appena partorito a un mondo
dove la dedizione d'un adolescente
—buono come sua madre, improvvido
e animoso, mostruosamente
timido, e ignaro d'ogni altra omertà
che non fosse ideale—era avvilente
segno di scandalo, santità
ridicola. Ed era destinata
a farsi vizio: ché marcisce l'età
la mitezza, e fa, dell'accorato
dono di sé, ossessione. E se ho trovato
di nuovo un'accorata purezza
dell'amare il mondo, il mio
non è che amore, nudo amore, senza
futuro. Troppo perduto nel brusio
del mondo, troppo cosparso dell'amaro
di un pur triste, chapliniano riso . . .
È resa. Umile ebbrezza del contemplare,

A SENTIMENTAL EDUCATION

Who was I? What meaning did my presence have
at a time which this film
so sadly beyond time
now recalls?
I can't do it now but sooner or later
I have to dissect it in depth
until some final relief . . .
I know it: I'd just been delivered into a world
in which the dedication of an adolescent—
good as his mother,
improvident and strong-willed,
monstrously timid, ignorant of any complicity
that was not ideal—
was a demoralizing sign of scandal, a ridiculous sanctity.
It was destined to become a vice
because age rots gentleness
and makes an obsession
of the sorrowful gift of oneself
And if I've found a sorrowful purity again
in loving the world,
mine is nothing but love, naked love
without any future.
Too lost in the hum of the world,
too pervaded by the bitterness
of a sad Chaplinesque smile . . .
It is surrender. Humble rapture of contemplation,

partecipe, sviscerato—e inattivo.
Umile riscoperta d'un allegro restare
degli altri uomini al male: il reale,
vissuto da loro in un empireo di luoghi
miseri, ridenti, sulle rive
di gai torrenti, sui gioghi
di monti luminosi, sulle terre oppresse
dall'antica fame . . .
È senso della grandezza, questo senso
che mi strugge sui minimi atti
di ogni nostro giorno: riconoscenza
per questo loro riapparire intatti
a me sopravvissuto, e pieno ancora
di stantio pianto . . .

                    *

Non è Amore. Ma in che misura è mia
colpa il non fare dei miei affetti
Amore? Molta colpa sia
pure, se potrei d'una pazza purezza,
d'una cieca pietà vivere giorno
per giorno . . . Dare scandalo di mitezza.
Ma la violenza in cui mi frastorno
dei sensi, dell'intelletto, da anni,
era la sola strada. Intorno
a me alle origini c'era, degli inganni
istituiti, delle dovute illusioni,

sharing, ardent—and inactive.
Humble rediscovery of the joyful yielding
of other men to evil:
the reality lived by them
in an empyrean of miserable bright places,
on the banks of lively streams,
on rounded peaks of luminous mountains,
on lands oppressed by ancient famine . . .
It is a feeling of grandeur,
this feeling which consumes me
in the little acts of everyday life,
gratitude for their unchanged appearance
which survives me,
still full of stale tears . . .

*

It's not love. But by what standard am I guilty
of not transforming my affections into love?
Very guilty, let's say,
even though I could live day by day
with a crazy purity, with a blind piety . . .
To scandalize with mildness.
But the violence of the senses, of the intellect,
bewildering me for years,
was the only way.
Around me from the beginning,
all that remained of the institutionalized fraud

solo la Lingua: che i primi affanni
di un bambino, le preumane passioni,
già impure, non esprimeva. E poi
quando adolescente nella nazione
conobbi altro che non fosse la gioia
del vivere infantile—in una patria
provinciale, ma per me assoluta, eroica—
fu l'anarchia. Nella nuova e già grama
borghesia d'una provincia senza purezza,
il primo apparire dell'Europa
fu per me apprendistato all'uso più
puro dell'espressione, che la scarsezza
della fede d'una classe morente
risarcisse con la follia ed i topoi
dell'eleganza: fosse l'indecente
chiarezza d'una lingua che evidenzia
la volontà a non essere, incosciente,
e la cosciente volontà a sussistere
nel privilegio e nella libertà
che per Grazia appartengono allo stile.

and of the necessary illusions
was a language which didn't express
the first anxieties of childhood,
the pre-human passions, already impure.
And then in adolescence
when I came to know something other
than the joy of childhood in a native land—
provincial, but for me absolute, heroic—
there was anarchy.
In the new already-wretched bourgeoisie,
in an impure province,
the first apparition of Europe
was for me an apprenticeship
to a purer use of expression.
The lack of faith of a dying class
made up for the folly and forms of elegance:
the indecent clarity of a language
which exposes the unconscious will not to exist
and the conscious will to survive
in the privilege and freedom
which through grace become style.

LA RESISTENZA E LA SUA LUCE

Così giunsi ai giorni della Resistenza
senza saperne nulla se non lo stile:
fu stile tutta luce, memorabile coscienza
di sole. Non poté mai sfiorire,
neanche per un istante, neanche quando
l'Europa tremò nella più morta vigilia.
Fuggimmo con le masserizie su un carro
da Casarsa a un villaggio perduto
tra rogge e viti: ed era pura luce.
Mio fratello partì, in un mattino muto
di marzo, su un treno, clandestino,
la pistola in un libro: ed era pura luce.
Visse a lungo sui monti, che albeggiavano
quasi paradisiaci nel terro azzurrino
del piano friulano: ed era pura luce.
Nella soffitta del casolare mia madre
guardava sempre perdutamente quei monti,
già conscia del destino: ed era pura luce.
Coi pochi contadini intorno
vivevo una gloriosa vita di perseguitato
dagli atroci editti: ed era pura luce.

THE RESISTANCE AND ITS LIGHT

Thus I came to the days of the Resistance
without knowing anything except style.
It was a style all of light,
memorable consciousness of sun.
It could never fade, even for an instant,
even as Europe trembled on the deadliest of eves.
We escaped with our household goods in a cart
from Casarsa, to a village lost
among canals and vineyards,
and it was pure light.
My brother left on a still March morning
in a clandestine train,
his pistol in a book, and it was pure light.
He lived long in the mountains
which shone almost paradisical
in the blue gloom
of the Friulian plain.
And it was pure light.
In the attic of the farmhouse
my mother always watched those mountains
hopelessly, already aware of fate,
and it was pure light.
With a few peasants around
I lived the glorious life
persecuted by atrocious edicts,
and it was pure light.

Venne il giorno della morte
e della libertà, il mondo martoriato
si riconobbe nuovo nella luce . . .

Quella luce era speranza di giustizia:
non sapevo quale: la Giustizia.
La luce è sempre uguale ad altra luce.
Poi variò: da luce diventò incerta alba,
un'alba che cresceva, si allargava
sopra i campi friulani, sulle rogge.
Illuminava i braccianti che lottavano.
Così l'alba nascente fu una luce
fuori dall'eternità dello stile . . .
Nella storia la giustizia fu coscienza
d'una umana divisione di ricchezza,
e la speranza ebbe nuova luce.

Came the day of death and freedom:
the martyred world recognized itself anew
in the light . . .

That light was the hope for justice,
I didn't know which justice.
All light is equal to all other light.
Then it changed: the light became uncertain dawn,
a growing dawn,
spreading over Friulian fields and canals.
It lighted up the struggling workers.
The rising dawn was thus a light
beyond the eternity of style . . .
In history, justice was consciousness
of a humane division of wealth,
and hope took on new light.

LACRIME

Ecco quei tempi ricreati dalla forza
brutale delle immagini assolate:
quella luce di tragedia vitale.
Le pareti del processo, il prato
della fucilazione: e il fantasma
lontano, in cerchio, della periferia
di Roma biancheggiante in una nuda luce.
Gli spari; la nostra morte, la nostra
sopravvivenza: sopravvissuti vanno
i ragazzi nel cerchio dei palazzi lontani
nell'acre colore del mattino. E io,
nella platea di oggi, ho come un serpe
nei visceri, che si torce: e mille lacrime
sputano in ogni punto del mio corpo,
dagli occhi ai polpastrelli delle dita,
dalla radice dei capelli al petto:
un pianto smisurato, perché sgorga
prima d'essere capito, precedente
quasi al dolore. Non so perché trafitto
da tante lacrime sogguardo
quel gruppo di ragazzi allontanarsi
nell'acre luce di una Roma ignota,
la Roma appena affiorata dalla morte,
superstite con tutta la stupenda
gioia di biancheggiare nella luce:

TEARS

Here are those times recreated
by the brutal force of sun-drenched images:
the light of live tragedy.
The courtroom walls, the field of execution,
and the far off phantom in a circle,
the periphery of Rome, bleached white in naked light.
The shots: our death, our survival:
the surviving boys in the circle
of the distant palazzos
in the acrid color of morning.
And I, in the orchestra seats of today,
have a writhing snake in my guts,
and a thousand tears gush
from every pore of my body,
from my eyes to my fingertips,
from the roots of my hair to my chest,
a great weeping gushing out
even before being understood
almost before the grief itself.
I don't know why, pierced by so many tears,
I steal a glance at that group of boys going off
in the sharp light of an unknown Rome,
a Rome just risen from death,
surviving, with all the great joy
of turning white in the light:

piena del suo immediato destino
d'un dopoguerra epico, degli anni
brevi e degni d'un'intera esistenza.
Li vedo allontanarsi: ed è ben chiaro
che, adolescenti, prendono la strada
della speranza, in mezzo alle macerie
assorbite da un biancore ch'è vita
quasi sessuale, sacra nelle sue miserie.
E il loro allontanarsi nella luce
mi fa ora raggricciare di pianto:
perché? Perché non c'era luce
nel loro futuro. Perché c'era questo
stanco ricadere, questa oscurità.
Sono adulti, ora: hanno vissuto
quel loro sgomentante dopoguerra
di corruzione assorbita dalla luce,
e sono intorno a me, poveri uomini
a cui ogni martirio è stato inutile,
servi del tempo, in questi giorni
in cui si desta il doloroso stupore
di sapere che tutta quella luce,
per cui vivemmo, fu soltanto un sogno
ingiustificato, inoggettivo, fonte
ora di solitarie, vergognose lacrime.

full of the immediate fate
of a postwar epic,
of those short years worth a whole life.
I see them going off, and it's very clear:
adolescents take the road of hope among ruins,
absorbed by the almost-sexual whiteness,
sacred in its misery.
And their going in the light
now made me rage and cry.
Why—because there was no light in their future,
because there was this weary relapse, this darkness.
They are adults now, they've lived through
their appalling postwar corruption
absorbed in the light,
and they are all around me, poor little men
for whom each martyrdom has been useless,
slaves of time, in these days
in which awakens the sad stupor of knowing
that all that light for which we lived
was only a dream,
unjustified, unobjective,
source now of solitary, shameful tears.

ALLA BANDIERA ROSSA

Per chi conosce solo il tuo colore, bandiera rossa,
tu devi realmente esistere, perché lui esista:
chi era coperto di croste è coperto di piaghe,
il bracciante diventa mendicante,
il napoletano calabrese, il calabrese africano,
l'analfabeta una bufala o un cane.
Chi conosceva appena il tuo colore, bandiera rossa,
sta per non conoscerti più, neanche coi sensi:
tu che già vanti tante glorie borghesi e operaie,
ridiventa straccio, e il più povero ti sventoli.

TO THE RED FLAG

For him who only knows your color, red flag,
you must really exist, so that he can exist:
he who was covered with scabs is covered with wounds,
the laborer becomes a beggar,
the Neapolitan a Calabrese, the Calabrese an African,
the illiterate a buffalo or dog.
He who hardly knows your color, red flag,
won't know you much longer, not even with his senses:
you who already boast so many bourgeois
                              working-class glories,
you become a rag again, and the poorest wave you.

FRAMMENTO ALLA MORTE

Vengo da te e torno a te,
sentimento nato con la luce, col caldo,
battezzato quando il vagito era gioia,
riconosciuto in Pier Paolo
all'origine di una smaniosa epopea:
ho camminato alla luce della storia,
ma, sempre, il mio essere fu eroico,
sotto il tuo dominio, intimo pensiero.
Si coagulava nella tua scia di luce
nelle atroci sfiducie
della tua fiamma, ogni atto vero
del mondo, di quella
storia: e in essa si verificava intero,
vi perdeva la vita per riaverla:
e la vita era reale solo se bella . . .

La furia della confessione,
prima, poi la furia della chiarezza:
era da te che nasceva, ipocrita, oscuro
sentimento! E adesso,
accusino pure ogni mia passione,
m'infanghino, mi dicano informe, impuro
ossesso, dilettante, spergiuro:
tu mi isoli, mi dai la certezza della vita:

FRAGMENT: TO DEATH

I came from you and I return to you,
a feeling born of light, of warmth,
baptized with a wail of joy,
recognized as Pier Paolo
at the beginning of a frenzied epic:
I've walked in the light of history
but my being was always heroic
under your dominating, intimate thought.
Every real act of the world,
of that history, coagulated in
the wake of your light,
in the atrocious distrust
of your flame, and in death
every act proved itself entire
and lost its life to regain it.
And life was real only if beautiful . . .

The fury of confession, at first,
then the fury of clarity:
It was from you, Death, that such hypocritical
obscure feeling was born! And now
let them accuse me of every passion,
let them bad-mouth me, let them say I'm deformed,
impure, obsessed, a dilettante, a perjurer.
You isolate me, you give me the certainty of life,

sono nel rogo, gioco la carta del fuoco,
e vinco, questo mio poco,
immenso bene, vinco quest'infinita,
misera mia pietà
che mi rende anche la giusta ira amica:
posso farlo perchè ti ho troppo patita!

Torno a te, come torna
un emigrato al suo paese e lo riscopre:
ho fatto fortuna (nell'intelletto)
e sono felice, proprio
com'ero un tempo, destituito di norma.
Una nera rabbia di poesia nel petto.
Una pazza vecchiaia di giovinetto.
Una volta la tua gioia era confusa
con il terrore, è vero, e ora
quasi con altra gioia,
livida, arida: la mia passione delusa.
Mi fai ora davvero paura,
perché mi sei davvero vicina, inclusa
nel mio stato di rabbia, di oscura
fame, di ansia quasi di nuova creatura.

Sono sano, come vuoi tu,
la nevrosi mi ramifica accanto,
l'esaurimento mi inaridisce, ma
non mi ha: al mio fianco
ride l'ultima luce di gioventù.

I'm on the stake, I play the card of fire
and I win this little, immense goodness of mine,
I win this infinite
miserable piety of mine
which even makes my just anger a friend.
I can do it, for I have suffered you too much!

I return to you as an emigre returns
to his own country and rediscovers it:
I made a fortune (in the intellect)
and I'm happy, as I once was,
destitute of any norm,
a black rage of poetry in my breast.
A crazy old-age youth.
Once your joy was confused with terror,
it's true, and now almost with other joy,
livid and arid, my passion deluded.
Now you really frighten me,
for you are truly close to me,
part of my angry state, of obscure hunger,
of the anxiety almost of a new being.

I'm as healthy as you wish,
neurosis sprouts out of me,
exhaustion drains me, but
doesn't possess me: at my side
youth's last light laughs.

Ho avuto tutto quello che volevo, ormai:
sono anzi andato anche più in là
di certe speranze del mondo: svuotato,
eccoti lì, dentro di me, che empi
il mio tempo e i tempi.
Sono stato razionale e sono stato
irrazionale: fino in fondo.
E ora . . . ah, il deserto assordato
dal vento, lo stupendo e immondo
sole dell'Africa che illumina il mondo.

Africa! Unica mia
alternativa . . .

I've had everything I wanted, so far;
indeed I've gone beyond
certain hopes for the world;
emptied, you are here within me,
filling my time and all time.
I have been rational and
I have been irrational, to the utmost.
And now . . . ah, the desert deafened by wind,
the stupendous filthy African sun
that illuminates the world.

Africa! My only
alternative . . .

LA RABBIA

Vado sulla porta del giardino, un piccolo
infossato cunicolo di pietra al piano
terra, contro il suburbano
orto, rimasto lì dai giorni di Mameli,
coi suoi pini, le sue rose, i suoi radicchi.
Intorno, dietro questo paradiso di paesana
tranquillità, compaiono
le facciate gialle dei grattacieli
fascisti, degli ultimi cantieri
e sotto, oltre spessi lastroni di vetro,
c'è una rimessa, sepolcrale. Sonnecchia
al bel sole, un po' freddo, il grande orto
con la casetta, in mezzo, ottocentesca,
candida, dove Mameli è morto,
e un merlo cantando, trama la sua tresca.

Questo mio povero giardino, tutto
di pietra . . . Ma ho comprato un oleandro
—nuovo orgoglio di mia madre—
e vasi di ogni specie di fiori,
e anche un fraticello di legno, un putto
obbediente e roseo, un po' malandro,
trovato a Porta Portese, andando
a cercare mobili per la nuova casa. Colori,
pochi, la stagione è così acerba: ori
leggeri di luce, e verdi, tutti i verdi . . .

RAGE

I go to the garden door,
a small sunken stone passage to the suburban garden,
left the way it was in the days of Mameli,
with its pines, its roses, its dandelions.
All around behind this paradise of country tranquillity
appear the yellow façades
of the Fascist skyscrapers, the last building sites,
and below, beyond thick sheets of glass,
there's a sepulchral coach house.
The big orchard drowses in the beautiful sun, a little cold,
and in the middle the little 19th-century house, pure white,
where Mameli died,
and a singing blackbird plots its intrigue.

This poor garden of mine, all stone . . .
But I have bought an oleander—
new pride of my mother—
and pots of every kind of flower,
and also a wooden friar, an obedient
rosy cherub, a little impish,
found at Porta Portese looking
for furniture for the new house.
Colors few—the season so harsh—
light gold light, and green, all green . . .

Solo un po' di rosso, torvo e splendido,
seminascosto, amaro, senza gioia:
una rosa. Pende umile
sul ramo adolescente, come a una feritoia,
timido avanzo d'un paradiso in frantumi . . .

Da vicino, è ancora più dimessa, pare
una povera cosa indifesa e nuda,
una pura attitudine
della natura, che si trova all'aria, al sole,
viva, ma di una vita che la illude,
e la umilia, che la fa quasi vergognare
d'essere così rude
nella sua estrema tenerezza di fiore.
Mi avvicino più ancora, ne sento l'odore . . .
Ah, gridare è poco, ed è poco tacere:
niente può esprimere una esistenza intera!
Rinuncio a ogni atto . . . So soltanto
che in questa rosa resto a respirare,
in un solo misero istante,
l'odore della mia vita: l'odore di mia madre . . .

Perché non reagisco, perché non tremo
di gioia, o godo di qualche pura angoscia?
Perché non so riconoscere
questo antico nodo della mia esistenza?
Lo so: perché in me è ormai chiuso il demone

Only a bit of red, fierce and splendid,
and half-hidden, bitter, joyless: a rose.
It hangs humbly from the young branch as from a trellis,
timid remnant of a shattered paradise . . .

Close-up, it is even more shabby,
it looks like a poor helpless naked thing,
a pure look of nature,
in the air, in the sun,
alive, but with a life that deceives and humiliates,
almost ashamed of being so rustic
in its extreme flowery tenderness.
I approach it still closer, I sense its smell . . .
Ah, crying is not enough and keeping quiet is not enough.
Nothing can express a whole existence!
I renounce all action . . . I only know
that in this rose I remain breathing
for a single miserable instant,
the smell of my life: the smell of my mother . . .

Why don't I react, why don't I tremble with joy,
or enjoy some sheer anguish?
Why can't I recognize
this old knot of my existence?
I know, because the demon of rage
is already locked inside me.

della rabbia. Un piccolo, sordo, fosco
sentimento che m'intossica:
esaurimento, dicono, febbrile impazienza
dei nervi: ma non ne è libera più la coscienza.
Il dolore che da me a poco a poco mi aliena,
se io mi abbandono appena,
si stacca da me, vortica per conto suo,
mi pulsa disordinato alle tempie,
mi riempie il cuore di pus,
non sono più padrone del mio tempo . . .

Niente avrebbe potuto, una volta, vincermi.
Ero chiuso nella mia vita come nel ventre
materno, in quest'ardente
odore di umile rosa bagnata.
Ma lottavo per uscirne, là nella provincia
campestre, ventenne poeta, sempre, sempre
a soffrire, disperatamente,
disperatamente a gioire . . . La lotta è terminata
con la vittoria. La mia esistenza privata
non è più racchiusa tra i petali d'una rosa,
—una casa, una madre, una passione affannosa.
È pubblica. Ma anche il mondo che m'era ignoto
mi si è accostato, familiare,
si è fatto conoscere, e, a poco a poco,
mi si è imposto, necessario, brutale.

A little, deaf, dismal feeling
poisons me:
exhaustion, they say, a feverish nervous anxiety.
But my conscience is no longer free of it:
The grief that alienates me from myself, bit by bit,
if I abandon myself to it at all,
detaches itself from me, whirls around on its own,
pulses randomly in my temples
and fills my heart with pus.
I'm no longer master of my time . . .

Nothing could have won me, once.
I was locked in my life as in the maternal womb,
in this intense smell
of a humble wet rose.
But I fought to get out, there in that country province,
a poet in his twenties,
always, always suffering desperately,
rejoicing desperately . . . The struggle
has ended in victory. My private life
no longer is enclosed
by the petals of a rose,
a house, a mother, a panting passion.
It is public.
But also the world that was unknown to me
has come closer, familiar,
has made itself known, and little by little
has imposed itself upon me, a brutal necessity.

Non posso ora fingere di non saperlo:
o di non sapere come esso mi vuole.
Che specie di amore
conti in questo rapporto, che intese infami.
Non brucia una fiamma in questo inferno
di aridità, e questo arido furore
che impedisce al mio cuore
di reagire a un profumo, è un rottame
della passione . . . A quasi quarant'anni,
io mi trovo alla rabbia, come un giovane
che di sé non sa altro che è nuovo,
e si accanisce contro il vecchio mondo.
E, come un giovane, senza pietà
o pudore, io non nascondo
questo mio stato: non avrò pace, mai.

I can't pretend now that I don't know the world
or that I don't know the way it wants me to be.
What kind of love matters
in this relationship,
what infamous agreements?
Not a single flame burns in this arid inferno,
and this dry furor
which keeps my heart
from reacting to perfume
is a wreck of passion . . .
Now nearly forty,
I find myself in a rage, like a youth
who doesn't know anything about himself
except that he is new
and rants against the old world.
And like a youth
without piety or modesty
I don't hide this state of mine:
I'll never have peace, ever.

LAVORO TUTTO IL GIORNO . . .

Lavoro tutto il giorno come un monaco
e la notte in giro, come un gattaccio
in cerca d'amore . . . Farò proposta
alla Curia d'esser fatto santo.
Rispondo infatti alla mistificazione
con la mitezza. Guardo con l'occhio
d'un'immagine gli addetti al linciaggio.
Osservo me stesso massacrato col sereno
coraggio d'uno scienziato. Sembro
provare odio, e invece scrivo
dei versi pieni di puntale amore.
Studio la perfidia come un fenomeno
fatale, quasi non ne fossi oggetto.
Ho pietà per i giovani fascisti,
e ai vecchi, che considero forme
del più orribile male, oppongo
solo la violenza della ragione.
Passivo come un uccello che vede
tutto, volando, e si porta in cuore
nel volo in cielo la coscienza
che non perdona.

I WORK ALL DAY . . .

I work all day like a monk
and at night wander about like an alley cat
looking for love . . . I'll propose
to the Church that I be made a saint.
In fact I respond to mystification
with mildness. I watch the lynch mob
as through a camera eye.
With the calm courage of a scientist,
I watch myself being massacred.
I seem to feel hate and yet I write
verses full of painstaking love.
I study treachery as a fatal phenomenon,
almost as if I were not its object.
I pity the young fascists,
and the old ones, whom I consider forms
of the most horrible evil, I oppose
only with the violence of reason.
Passive as a bird that sees all, in flight,
and carries in its heart,
rising in the sky,
an unforgiving conscience.

SUPPLICA A MIA MADRE

È difficile dire con parole di figlio
ciò a cui nel cuore ben poco assomiglio.

Tu sei la sola al mondo che sa, del mio cuore,
ciò che è stato sempre, prima d'ogni altro amore.

Per questo devo dirti ciò ch'è orrendo conoscere:
è dentro la tua grazia che nasce la mia angoscia.

Sei insostitubile. Per questo è dannata
alla solitudine la vita che mi hai data.

E non voglio esser solo. Ho un'infinita fame
d'amore, dell'amore di corpi senza anima.

Perché l'anima è in te, sei tu, ma tu
sei mia madre e il tuo amore è la mia schiavitù:

ho passato l'infanzia schiavo di questo senso
alto, irrimediabile, di un impegno immenso.

Era l'unico modo per sentire la vita,
l'unica tinta, l'unica forma: ora è finita.

PRAYER TO MY MOTHER

It's hard to say in a son's voice
what at heart I so little resemble.

You're the only one in the world who knows
what my heart always held, before all other love.

For this, I must tell you what is terrible to know:
in your grace was born my anguish.

You're irreplaceable. And for this
the life you gave me is condemned to solitude.

And I don't want to be alone. I've an infinite
hunger for love, for the love of bodies without souls.

Because the soul is inside you, it is you, but you
are my mother and your love's my bondage.

I spent my childhood a slave to this lofty,
incurable sense of immense commitment.

It was the only way to feel life,
its only color, its only form: now it's over.

Sopravviviamo: ed è la confusione
di una vita rinata fuori dalla ragione.

Ti supplico, ah, ti supplico: non voler morire.
Sono qui, solo, con te, in un futuro aprile . . .

We survive, in the confusion
of a life reborn beyond reason.

I beg you, ah, I beg you: don't desire death!
I'm here, alone, with you, in a future April . . .

LA RICERCA DI UNA CASA

Ricerco la casa della mia sepoltura:
in giro per la città come il ricoverato
di un ospizio o di una casa di cura

in libera uscita, col viso sfornato
dalla Febbre, pelle bianca secca e barba.
Oh dio, sì, altri è incaricato

della scelta. Ma questa giornata scialba
e sconvolgente di vita proibita
con un tramonto più nero dell'alba,

mi butta per le strade d'una città nemica,
a cercare la casa che non voglio più.
L'operazione dell'angoscia è riuscita.

Se quest'ultima reazione di gioventù
ha senso: mettere il cuore in carta—
vediamo: cosa c'è oggi che non fu

ieri? Ogni giorno l'ansia è più alta,
ogni giorno il dolore più mortale,
oggi più di ieri il terrore mi esalta . . .

THE SEARCH FOR A HOME

I'm searching for the house where I'll be buried,
wandering around the city like an inmate
of a poorhouse or rest home out on a pass,

with a face baked by fever,
dry white skin and beard,
Oh god, yes, someone else is responsible

for the choice. But this dull
upsetting day of forbidden life
with a sunset blacker than dawn,

throws me into the streets of an enemy city
to look for a house that I no longer want.
The work of anguish has succeeded.

If this last youthful reaction
has meaning, wrapping the heart in paper,
let's see: what is there today that wasn't there

yesterday? Every day my anxiety is higher,
every day the grief more mortal.
Today more than yesterday terror exalts me . . .

Mi era sembrata sempre allegra questa zona
dell'Eur, che ora è orrore e basta.
Mi pareva abbastanza popolare, buona

per deambularci ignoto, e vasta
tanto da parere città del futuro.
Ed ecco un «Tabacchi» ecco un «Pane e pasta» . . .

ecco la faccia del borghesuccio scuro
di pelo e tutto bianco d'anima,
come pelle d'uovo, né tenero né duro . . .

Folle! lui e i suoi padri, vani
arrivati del generone, servi
grassocci dei secchi avventurieri padani.

E chi siete, vorrei proprio vedervi,
progettisti di queste catapecchie
per l'Egoismo, per gente senza nervi,

che v'installa i suoi bambi e le sue vecchie
come per una segreta consacrazione:
niente occhi, niente bocche, niente orecchie,

solo quella ammiccante benedizione:
ed ecco i fortilizi fascisti, fatti col cemento
dei pisciatoi, ecco le mille sinonime

To me this part of the city always seemed joyful
but now is just horror and nothing more.
It seemed somewhat working class, good enough

to walk around in unknown, vast to
the point of seeming a city of the future.
And here a "Tobacco Shop," there "Bread and Pasta,"

Here the face of a little bourgeois, dark
body hair and an all-white soul
like the skin of an egg, neither tender nor hard . . .

Crazy! He and his fathers who vainly
have made it into the clique, fat servants
of dried-up adventurers from the Padana plains.

And who are you, I'd really like to see you,
you planners of these dumps
built out of selfishness, for people without nerves

who install their children and old women
as if for a secret consecration:
no eyes, no mouths, no ears,

only that winking blessing,
and here are the Fascist fortresses, made with the cement
of pissoirs, here the thousand identical

palazzine «di lusso» per i dirigenti
transustanziati in frontoni di marmo,
loro duri simboli, solidità equivalenti.

E dove, allora, trovano il mio studio, calmo
e vivace, il «sognato nido dei miei poemi»
che curo in cuore come un pascoliano salmo?

*

Uno a cui la Questura non concede
il passaporto—e, nello stesso tempo
il giornale che dovrebbe essere la sede

della sua vita vera, non dà credito
a dei suoi versi e glieli censura—
è quello che si dice un uomo senza fede,

che non si conforma e non abiura:
giusto quindi che non trovi dove vivere.
La vita si stanca di chi dura.

Ah, le mie passioni recidive
costrette a non avere residenza!
Volando a terre eternamente estive

scriverò nei moduli del mondo: «senza
fissa dimora». È la Verità
che si fa strada: ne sento la pazienza

luxury buildings for executives
transubstantiated with marble pediments,
hard status symbols, equivalent solidities.

And where then to find my studio, calm
and lively, the "dreamt-of nest of my poems"
which I cherish in my heart like a Pascoli psalm?

*

One whom the police won't grant
a passport—and at the same time
the newspaper, which should be the seat

of his real life, doesn't value
his verses, and censors them.
He's the one who's called a man without faith

who doesn't conform and doesn't renounce.
Thus it's right he can't find anywhere to live.
Life gets tired of those who endure.

Ah, my recidivist passions
forced not to have a dwelling!
Flying to eternal summery lands

I'll fill out the forms of the world:
"without fixed residence." It's Truth
that clears the way. I feel its endless patience

97

sconfinata sotto la mia atroce ansietà.
Ma io potrei fare anche il pazzo, l'arrabbiato . . .
pur di vivere! la forza di conservazione ha

finzioni da cui è confermato
ogni atto dell'Esserci . . . La casa
che cerco sarà, perchè no?, uno scantinato,

o una soffitta, o un tugurio a Mombasa,
o un atelier a Parigi . . . Potrei
anche tornare alla stupenda fase

della pittura . . . Sento già i cinque o sei
miei colori amati profumare acuti
tra la ragia e la colla dei

telai appena pronti . . . Sento già i muti
spasimi della pancia, nella gola,
delle intuizioni tecniche, rifiuti

stupendamente rinnovati di vecchia scuola . . .
E, nella cornea, il rosso, sopra il rosso,
su altri rossi, in un supremo involucro,

dove la fiamma è un dosso
dell'Apennino, o un calore di giovani
in Friuli, che orinano su un fosso

under my atrocious anxiety.
I could also play the part of the crazy, angry man . . .
just to live! The will to survive requires

fictions that confirm
every act of being. The house
I'm looking for will be—why not?—a basement,

an attic, a dump in Mombasa,
or an atelier in Paris . . . I could
also return to that stupendous phase

of painting . . . I already smell the five or six
colors I love, sharp perfume
between the turpentine and the glue

of the frames just made . . . I already feel
the silent spasm in my throat
of technical intuitions, trash

of the old school, marvelously made new.
And in the cornea, red on red
on other reds, in glorious glazes

where the flame is a summit
of the Apennines, or the heat of youths
in Friuli who piss in a ditch

cantando nei crepuscoli dei poveri . . .
Dovrò forse un giorno esservi grato
per questa vergognosa forza che mi rinnova,

conformisti, dal cuore deformato
non dalla brutalità del vostro capitale,
ma dal cuore stesso in quanto è stato

in altra storia violentato al male.
Cuore degli uomini: che io non so più,
da uomo, né amare né giudicare,

costretto come sono quaggiù,
in fondo al mondo, a sentirmi diverso,
perso ad ogni amore di gioventù.

singing in the dusk of the poor . . .
One day perhaps I'll be grateful to you
for this poor strength that rejuvenates me,

you conformists, with hearts deformed
not by the brutality of your capital
but by the heart itself, because it has

yielded to evil in other times.
Heart of man which I can no longer,
as a man, either love or judge,

forced as I am down here,
at the bottom of the world, to feel different,
lost to every youthful love.

MA ERA L'ITALIA NUDA
E FORMICOLANTE

A Roma, dal '50 a oggi, agosto del 1966,
non ho fatto altro che soffrire e lavorare voracemente.
Ho insegnato, dopo quell'anno di disoccupazione e fine
della vita,
in una scuoletta privata, a ventisette dollari al mese:
frattanto mio padre
ci aveva raggiunto
e non parlammo mai della nostra fuga, mia e di mia madre.
Fu un fatto normale, un trasferimento in due tempi.
Abitammo in una casa senza tetto e senza intonaco,
una casa di poveri, all'estrema periferia, vicino a
                                        un carcere.
C'era un palmo di polvere d'estate, e la palude d'inverno—
Ma era l'Italia, l'Italia nuda e formicolante,
coi suoi ragazzi, le sue donne,
i suoi odori di gelsomini e povere minestre,
i tramonti sui campi dell'Aniene, i mucchi di spazzatura,
e, quanto a me, i miei sogni integri di poesia.
Tutto poteva, nella poesia, avere una soluzione.
Mi pareva che l'Italia, la sua descrizione e il suo destino,
dipendesse da quello che io ne scrivevo,
in quei versi intrisi di realtà immediata,
non più nostalgica, quasi l'avessi guadagnata col mio
                                        sudore—
Non aveva peso il fatto che io, certi giorni,

BUT IT WAS A NAKED
AND SWARMING ITALY

In Rome, from the fifties to today, August '66,
I've done nothing but suffer and work voraciously.
After that unemployed year and the end of life
I taught in a small private school
for twenty-seven dollars a month.
In the meantime my father rejoined us
and we never spoke of our flight,
mine and mother's.
It was a common occurrence, a transfer in two stages.
We lived in a house without a roof, without plaster,
a poor people's house at the city's far edge, next to a jail.
A dustbowl in summer, a swamp in winter—
But it was Italy, naked and swarming Italy,
with its boys, its women,
its smell of jasmine and poor soup,
sunsets on the fields of Aniene, piles of trash—
and as for me, my poetry-dreams intact.
In poetry, a solution to everything.
It seemed to me that Italy, its description and destiny,
depended on what I wrote about it,
in lines infused with immediate reality,
no longer nostalgic,
as if I had earned it with my sweat—
never mind that I on certain days.

non avessi nemmeno le cento lire per farmi radere la barba
dal barbiere,
la mia figura economica, benché instabile e folle,
era in quel momento, per molti aspetti,
simile a quella della gente tra cui abitavo:
in questo eravamo proprio fratelli, o almeno pari—
Perciò, credo, ho molto potuto capirli—

didn't have a hundred *lire* for a shave.
My frugal figure, though unstable and crazy,
was at that moment in many ways
like the people I lived with:
in this we were true brothers, at least equals—
And thus could I, I believe, deeply understand them—

CANTO CIVILE

Le loro guancie erano fresche e tenere
e forse erano baciate per la prima volta.
Visti di spalle, quando le voltavano
per tornare nel tenero gruppo, erano più adulti,
coi cappotti sopra i calzoni leggeri. La loro povertà
dimentica che è il freddo inverno. Le gambe un po' arcuate
e i colletti consunti, come i fratelli maggiori,
già screditati cittadini. Essi sono ancora per qualche anno
senza prezzo: e non ci può essere niente che umilia
in chi non si può giudicare. Per quanto lo facciano
con tanta, incredibile naturalezza, essi si offrono alla vita;
e la vita a sua volta li richiede. Ne sono così pronti!
Restituiscono i baci, saggiando la novità.
Poi se ne vanno, imperturbati come sono venuti.
Ma poiché sono ancora pieni di fiducia in quella vita che li
ama,
fanno sincere promesse, progettano un promettente futuro
di abbracci e anche baci. Chi farebbe la rivoluzione—
se mai la si dovesse fare—se non loro? Diteglielo: sono
pronti,
tutti allo stesso modo, così come abbracciano e baciano
e con lo stesso odore nelle guancie.
Ma non sarà la loro fiducia nel mondo a trionfare.
Essa deve essere trascurata dal mondo.

CIVIL SONG

Their cheeks fresh and tender
and perhaps kissed for the first time.
Seen from behind, turning their backs
to return to their tender group, they seemed older,
with their coats over their light pants. Their poverty
oblivious to the winter cold. Legs slightly bowed
and collars frayed, like older brothers,
already discredited citizens. For a few years they'll still be
without price, and there's nothing can humiliate
those who can't judge themselves. Although they do it
with such incredible naturalness, they offer
                                themselves to life,
and life in turn wants them. They are so ready!
They return kisses, savoring the novelty,
then go off, as unperturbed as when they came.
But since they're still so full of trust
in the life that loves them
they make sincere promises, plan promising futures
of embraces and kisses. Who would make the revolution,
if it ever has to be made, if not them?
Tell them: they all are ready
in the same way, the way they embrace and kiss,
with the same odor on their cheeks.
But it won't be their trust in the world that triumphs.
That, no doubt, the world will ignore.

LA PRESENZA

Ciò ch'era perduto era celeste
e l'anima malata, santa.
Il nulla era un vento che cambiava inspiegabilmente
direzione, ma ben consapevole, sempre, delle sue mete.
Nel nulla che si muoveva
ispirato in alto
capriccioso come un ruscello in basso
ciò che importava era sempre una storia
che in qualche modo era incominciata
e doveva continuare: la tua.
Chi mi aveva chiamato lì?
Ogni mattina ricominciava la tragedia dell'essere,
dietro i balconi prima chiusi e poi aperti, come in una
Chiesa.
Che il vento divino soffiasse inutilmente
o solo per dei testimoni—
Poi le abitudini, queste sorelle della tragedia—
Il mare e il suo vento ebbero tutti i nostri sviscerati elogi—
Il tuo «esse est percipi» incontrava tremendi ostacoli
da superare, e ogni vittoria era una povera vittoria,
e dovevi ricominciare subito
come una pianta che ha continuamente bisogno d'acqua.
Io però, Maria, non sono un fratello;
adempio altre funzioni, che non so;
non quella della fraternità,

THE PRESENCE

to Maria Callas

What was lost was heavenly
and the sick soul saintly.
Nothingness was a wind which inexplicably changed
                                                direction
but was always well aware of its end.
In the nothingness which moved,
inspired on high, capricious as a brook below,
what always mattered was a story
which in some way had started
and had to go on: your story.
Who had called for me there?
Every morning the tragedy of existence began again,
behind the shutters, first closed, then open,
as in a church, as if a divine wind blew in vain
or only for a few witnesses—
Then those habits, sisters to tragedy—
The sea and its wind received all our passionate praises—
Your "being is perceiving" had tremendous obstacles
                                                to overcome
and each victory was a poor victory,
and you had to begin again at once
like a plant that constantly needs water.
I, however, Maria, am not a brother;
I fulfill other functions that I don't know of,
not that of brotherhood,

almeno di quella complice
così vicina all'obbedienza e all'eroica inconsapevolezza
degli uomini, tuoi fratelli malgrado tutto, non miei.
E tu, atterrita dal sospetto di non essere più,
sai anche questo,
e ti arrangi a farti da madre.
Concedi alla bambina di essere regina
di aprire e chiudere le finestre come in un rito
rispettato da ospiti, servitù, spettatori lontani.
Eppure lei, lei, la bambina,
basta che per un solo istante sia trascurata,
si sente perduta per sempre;
ah, non su isole immobili
ma sul terrore di non essere, il vento scorre
il vento divino
che non guarisce, anzi, ammala sempre più;
e tu cerchi di fermarla, quella che voleva tornare indietro,
non c'è un giorno, un'ora, un istante
in cui lo sforzo disperato possa cessare;
ti aggrappi a qualunque cosa
facendo venir voglia di baciarti.

at least not with complicity,
so close to compliance and the heroic unawareness of
                                                   men—
your brothers after all, not mine.
And you, terrified by the thought of no longer existing,
also know this
and manage to mother yourself.
Allow the little girl to be a queen,
to open and close the windows as in a ritual,
respected by guests, servants, distant spectators.
And yet she, she the little girl,
neglected for only an instant,
feels lost forever—
ah, not on still islands
but in the terror of not existing, the wind flows,
the divine wind
that doesn't heal but makes one sicker;
and you try to stop her, the one who wanted to return.
There isn't a day, an hour, an instant
in which the desperate effort can cease;
you cling to anything,
arousing the desire to kiss you.

QUADRI FRIULANI

Senza cappotto, nell'aria di gelsomino
mi perdo nella passeggiata serale;
respirando—avido e prostrato fino

a non esistere, a essere febbre nell'aria
la pioggia che germoglia e il sereno
che incombe arido su asfalti, fanali,

cantieri, mandrie di grattacieli, piene
di sterri e di fabbriche, incrostati
di buio e di miseria . . .

Sordido fango indurito, pesto, e rasento
tuguri recenti e decrepiti, ai limiti
di calde aree erbose . . . Spesso l'esperienza

espande intorno più allegria, più vita,
che l'innocenza: ma questo muto vento
risale dalla regione aprica

dell'innocenza . . . L'odore precoce e stento
di primavera che spande, scioglie
ogni difesa nel cuore che ho redento

FRIULIAN PAINTINGS*

Coatless in the jasmine air
I get lost on my evening walk,
breathing, avid and exhausted, 'til I exist no longer,

becoming fever in the air,
becoming rain that germinates,
becoming serene sky, arid over the asphalt,

over street lights, building sites,
herds of skyscrapers, excavations and factories,
encrusted with darkness and misery . . .

I tread on sordid hard mud
and brush by decrepit new hovels
bound by warm grass patches . . . Often experience

spreads more gaiety and more life than innocence:
but this mute wind rises
from the sunny region of innocence . . .

The precocious first smell
of overflowing spring
undoes every defense in the heart

*Written upon looking at Giuseppe Zigaina's Friulian
  paintings in Rome.

con la sola chiarezza: antiche voglie,
smanie, sperdute tenerezze, riconosco
in questo smosso mondo di foglie.

*

Le foglie dei sambuchi, che sulle rogge
sbucano dai caldi e tondi rami,
tra le reti sanguigne, tra le logge

giallognole e ranciate dei friulani
venchi, allineati in spoglie prospettive
contro gli spogli crinali montani,

o in dolci curve lungo le festive
chine delle prodaie . . . Le foglie
dei ragnati pioppi senza un brivido

ammassati in silenziose folle
in fondo ai deserti campi di medica;
le foglie degli umili alni, lungo le zolle

spente dove le ardenti pianticine lievita
il frumento con tremoli già lieti;
le foglie della dolcetta che copre tiepida

l'argine sugli arazzi d'oro dei vigneti.

which I redeem only with clarity:
ancient longings, cravings, lonely tenderness,
I recognize in this restless world of leaves.

*

The leaves of elders along the streams
sprout from warm round branches
among blood-red webs, among orange-yellow arcades

of the Friulian willows
arrayed in barren perspectives
against bare mountain ridges,

or in sweet curves along the festive
sloping banks . . . The leaves
of the threadbare poplars without a shiver

crammed in silent crowds
at the end of deserted fields of clover,
leaves of humble alders in spent sod

where the wheat germinates ardent tiny plants
quivering with joy!
The weeds warmly cover the banks

against the vineyards' golden tapestries

Ti ricordi di quella sera a Ruda?
Quel nostro darsi, insieme, a un gioco
di pura passione, misura della nostra cruda

gioventù, del nostro cuore ancora poco
più che puerile? Era una lotta
bruciante di se stessa, ma il suo fuoco

si spandeva oltre noi; la notte,
ricordi?, ne era tutta piena nel fresco
vuoto, nelle strade percorse da frotte

di braccianti vestiti a festa,
di ragazzi venuti in bicicletta
dai borghi vicini: e la mesta,

quotidiana, cristiana, piazzetta
ne fiottava come in una sagra.
Noi, non popolani, nella stretta

del popolo contadino, della magra
folla paesana, amati quanto
ci ardeva l'amare, feriti dall'agra

notte ch'era loro, del loro stanco
ritorno dai campi nell'odore
di fuoco delle cene . . . uno a fianco

You remember that evening in Ruda?
That yielding of ours, together,
to a play of pure passion, measure of our raw youth,

of our as yet little more than childish hearts?
It was a struggle, burning of itself,
but its fire spread beyond us.

Remember? The night was full of it
in the cool emptiness,
in streets crossed by groups

of workers dressed in their best,
of boys come by bicycle
from nearby villages, and the sad little

everyday Christian piazza
teeming with them as at a festival.
Loving each other with hot love,

wounded by their harsh night, we
non-country people in the grip of the peasants,
of the meagre country crowd,

and their weary return
from the fields to the woodsmoke smell
of their suppers . . . Close to each other,

all'altro gridavamo le parole
che, quasi incomprese, erano promessa
sicura, espresso, rivelato amore.

E poi le canzoni, i poveri bicchieri
di vino sui tavoli dentro la buia
osteria, le chiare faccie dei festeggeri

intorno a noi, i loro certi occhi sui
nostri incerti, le scorate armoniche
e la bella bandiera nell'angolo più

in luce dell'umido stanzone.

*

Ora, lontano, diverso, nel vento quasi
non terrestre che smuovendo l'aria
impura, trae vita da una stasi

mortale delle cose, rivedo i casali,
i campi, la piazzetta di Ruda;
su, le bianche alpi, e giù, lungo i canali,

tra campi di granoturco e vigne, l'umida
luce del mare. Ah, il filo misterioso
si dipana ancora: e in esso, nuda,

we shouted almost incomprehensible words,
firm promises of love,
expressed and revealed.

And then the songs, the cheap glasses of wine
on the tables inside the dark *osteria*,
the open faces of revellers around us,

their steady eyes on ours, unsteady,
the disheartened accordions
and the beautiful flag

in the brightest corner of the hall.

*

Now, far off, different in the almost
unearthly wind, displacing the dirty air,
drawing life from the mortal stasis of things,

I see again the hamlets,
the fields, Ruda's little square,
up above, white Alps, and down below, by canals

among the fields of corn and vines,
the damp light of the sea. Ah, the mysterious thread
once more unravels itself,

la realtà—l'irreale Qualcosa
che faceva eterna quella sera.
L'aria tumefatta e festosa

dei tuoi primi quadri, dov'era
il verde un verde quasi di bambino
e il giallo un'indurita cera

di molle Espressionista, e le chine
spigolatrici, spettri del caldo sesso
adolescente—brulicava al confine

di quel luogo segreto, dove oppresso
da un sole eternamente arancio,
dolcissimo è il meriggio estivo, e in esso

arde una crosta di profumi, un glauco
afrore d'erbe, di sterco, che il vento
rimescola . . .

Tu lo sai quel luogo, quel Friuli
che solo il vento tocca, ch'è un profumo!
Da esso scende sopra i tuoi oscuri

suonatori di flauto, il dolce grumo
dei neri e dei violetti, e si espande
da esso iridescente il bitume

and in it, the naked reality—
an unreal Something that made the evening eternal.
The swollen festive air

of your first paintings,
the green almost childish green
and the yellow a hardened wax

of a soft Expressionist,
and the bent-over harvesters,
ghosts of hot adolescent sex

swarming at the edge of that secret place where,
oppressed by an everlasting orange sun,
sweetest is the summer afternoon

in which burns an overlay of perfumes,
a glaucous stench of herbs, of dung,
which the wind stirs . . .

You know that place, that Friuli,
touched only by the wind—what fragrance!
From this falls the sweet clot

of blacks and purples
upon your dark flute players
and from there the black tar spreads iridescent

sui tuoi Cristi inchiodati tra falde
di luce franata dai transetti d'Aquileia,
e reduci da esso, nelle calde

sere riverberanti della Bassa o nei
bianchi mattini gelati nei canali,
vanno i tuoi pescatori verdi di veglie;

a cui arrossa le rozze rughe il sale,
o giovanili nereggiano i braccianti
sulle scarpate dei traghetto serale,

appoggiati ai manubri, stanchi,
bruciati, mentre la notte già s'annuncia
nel triste borgo con le luci e i canti.

*

E il vento, da Grado o da Trieste
o dai magredi sotto le Prealpi,
soffia e rapisce dalle meste

voci delle cene, qualche palpito
più puro, o nel brusio delle paludi
qualche più sgomento grido, o qualche

onto your Christs nailed up, in draperies of light
cascading down from the transepts of Aquileia.
And on the way back in the warm

echoing evenings of the Friuli lowlands
or on chill white mornings by the canals,
your fishermen go, green with fatigue,

their rough wrinkles reddened by salt,
or the young laborers shadowed
on the banks of ferry docks at dusk,

leaning on their handlebars, weary, sunburnt,
while night announces itself in the sad village
with light and song.

*

And the wind from Grado or Trieste
or from the barren foothills of the Prealpi
blows and seizes some purer pulse

from the sad voices at supper
or in the murmur of the marshes
some more dismal cry,

più oscuro senso di freschezza nell'umido
deserto degli arativi, dei canneti,
delle boschine intorno ai resultumi ...

Sono sapori di quel mondo quieto
e sgomento, ingenuamente perso
in una sola estate, in un solo vecchio

inverno—che in questo mondo diverso
spande infido il vento. Ah quando
un tempo confuso si rifà terso

nella memoria, nel vero tempo che sbanda
per qualche istante, che sapore di morte ...
Non ne stupisco, se a questi istanti

di disfatta e di veggenza, mi portano
anni consumati in una chiarezza
che non muta il mondo, ma lo ascolta

nella sua vita, con inattiva ebbrezza ...

*

Felice te, a cui il vento primaverile
sa di vita; se hai scelto un' unica vita
e, insieme più adulto e giovanile

124

or some obscurer sense of freshness
in the damp desert of the arable land,
of canebreaks, of thickets by springs . . .

They are the flavors of that quiet
bewildered world, naively lost
in a single summer, in a single

old winter, which in this different world
the wind treacherously spills. Ah, when
a confused time clears up in memory,

in real time which skids for only an instant—
what a taste of death . . .
I am not surprised

if these moments of defeat and clairvoyance
bring me years of clarity
which doesn't change the world but listens

to its life in idle intoxication . . .

*

Happy you, to whom the spring wind
tastes of life. If you chose a unique life,
and being at once more adult and youthful

del tuo amico, sordo all'infinita
stagione di cui così imbevuto vivi,
sordo al Qualcosa che ti invita

a ritornare ai tristi, ai sorgivi
sogni dell'esistenza—alla coscienza
squisita che svela il mondo in brividi

non umani—credi nel mondo senza
altra misura che l'umana storia:
nei colori in cui fiammeggia la presenza

di un Friuli espresso in speranze e dolori
d'uomini interi, se pur fatti da orale
rozza esperienza uomini, se pur con cuori

duri come le mani, e spinti a non parlare
altra lingua che il troppo vivo dialetto,
persi in albe e vespri a lavorare

la loro vigna, il loro campetto,
quasi non fosse loro, a festeggiare
le lucenti domeniche col petto

pieno del buio delle vecchie campane.

*

than your friend, deaf to the infinite
season in which you live so fully,
deaf to Something that invites you to return

to the sad dreams at the source of existence,
to the exquisite conscience
that reveals the world in non-human trembling—

you believe in a world
without any measure but human history,
in colors in which flared the presence

of a Friuli expressed in the hopes and griefs
of whole men, made of crude oral experience,
men with hearts as hard as their hands,

driven to speak no other language
than their too vivid dialect,
lost in dawns and evening vespers,

working their vineyards, their little fields,
as if they were not theirs,
to celebrate bright Sundays,

with breasts full of the darkness of old bells.

*

E quale forza nel voler mutare
il mondo—questo mondo perduto
in malinconie, in allegrie pasquali,

giocondamente vivo anche se muto!
Quale forza nel vederne le sere
e i mattini chiusi nel rustico

lume, quasi sere e mattini di ère
future, ardenti più di fede che d'affetto!
È floridezza e gioia, questo volere

violentemente essere espresso
che, in roventi vampe d'evidenza,
gonfia di spazio ogni umile oggetto.

Ne avvampano le incolori biciclette—
di Cervignano, ammassate ai posteggi
delle sagre, lungo i poveri muretti

scottati dal sole, o ai tarlati ormeggi
dei traghetti sui turchini canali;
ne avvampano le camicie di tela, i greggi

calzoni degli allegri manovali
di Snia Viscosa, a file sugli asfalti
dello stradone . . .

And what strength of will
to change the world—that world lost
in melancholy, in Easter gaieties,

joyously alive though mute!
What strengths in seeing evenings and mornings,
enclosed in rustic light,

almost like evenings and mornings of future eras,
more ardent with faith than affection!
Florescence and joy

in this violent urge toward expression
which in blazing bursts of evidence
inflates every human object.

The colorless bicycles of Cervignano
blaze with it, jammed in rows
on feast days, along poor walls

scorched in the sun, or along worm-eaten ferry
moorings, along deep blue canals.
The cotton shirts, the rough trousers

of cheery workers of the Snia Viscosa factory
standing in lines on the asphalt road
blaze with it . . .

E il polverone del sole e della pula
che ammassa e sfregola arancio e giallo
in un cantone perso nell'arsura

tra smunti salici, come in un ballo
domenicale, confinato sulle rive
del Tagliamento, o tra le arse valli

delle bonifiche, o sulle risorgive
lattee di magri fusti: dove assordante
la trebbia scuote col massiccio brivido

tettoie e stalle, in un ringhio osannante,
impastato di luce, di sudore umano,
del puzzo del vecchio e innocente branco

dei cavalli ammassati in un fulgore di rame . . .
L'amore di Ruda, gridato dal rosso
palco di povere casse, rimane

puro nella tua vita. E chi, scosso
dalla paura di non essere abbastanza puro,
aspira nel vento di primavera lo smosso

sapore della morte, invidia il tuo sicuro
espanderti nei solenni, festanti colori
dell'allegria presente, del sereno futuro.

And the dust of chaff in the sun
piles up and blends orange-yellow
in a lost corner in the parched heat

among gaunt willows, as at a Sunday dance,
confined to the banks of the Tagliamento,
or to the parched reclaimed valleys

or to the clear springs and tree stumps
where the deafening threshing machine
shakes sheds and stables

with a great shudder in a resounding groan,
kneaded with light, with human sweat,
with the stink of an old and innocent herd

of horses crowded together in auburn splendor . . .
The love for Ruda, proclaimed from the red platform
made of cheap wood boxes

remains pure in your life. And whoever,
shaken by fear of not being pure enough,
inhales the restless taste of death

in the spring wind, envies your safe growth
into the solemn, festive colors of the present gaiety,
of the serene future.

CIANT DA LI CIAMPANIS

Co la sera a si pièrt ta li fontanis
il me país al è colòur smarít.

Jo i soj lontàn, recuardi li so ranis,
la luna, il trist tintinulà dai gris.

A bat Rosari, pai pras al si scunís:
jo i soj muàrt al ciant da li ciampanis.

Forèst, al me dols svualà par il plan,
no ciapà pòura: jo i soj un spirt di amòur

che al so país al torna di lontàn.

THE SONG OF THE BELLS

When evening loses itself in the fountains
my village is a confused color.
I'm far away, I remember its frogs,
the moon, the sad tremolo of the crickets.
Vespers sound and fade into the fields.
I'm dead to the song of the bells.
Stranger, fear not,
in my sweet flight over the plain,
I am a spirit of love
who to his land returns from afar.

IL DÍ DA LA ME MUÀRT

Ta na sitàt, Trièst o Udin,
    ju par un viàl di tèjs,
di vierta, quan'ch'a múdin
    il colòur li fuèjs,
    il colarài muàrt
sot il soreli ch'al art
        biondu e alt
e i sierarài li sèjs,
lasànlu lusi, il sèil.

Sot di un tèj clípid di vert
    i colarài tal neri
da la me muàrt ch'a dispièrt
    i tèjs e il soreli.
    I bièj zuvinús
a coraràn ta chè lus
        ch'i ài pena pierdút,
svualànt fòur da li scuelis
cui ris tal sorneli.

THE DAY OF MY DEATH

In a city, Trieste or Udine,
    along the linden boulevard,
when in spring
    the leaves change color,
I'll drop dead
    under the ardent sun,
        blond and tall,
and I'll close my eyes,
leaving the sky to its splendor.

Under a warm green linden
    I'll fall into my death's darkness,
    scattering linden and sun.
The beautiful boys
    will run in that light
    which I've just lost,
flying from school
with curls on their brows.

Drawings by Pasolini

Sex, Consolation for Misery   *[p. 39]*

Tears   *[p. 67]*

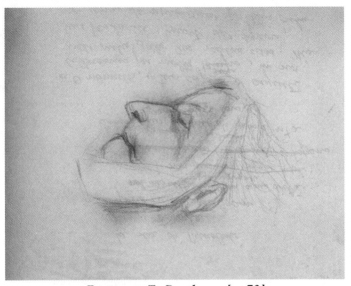

Fragment: To Death   *[p. 73]*

The Presence   *[p. 109]*